Russische Ostergeschichten

Russische Ostergeschichten

Herausgegeben von Bernd Rullkötter

Mit einer Einführung
von Irene Nowikowa
und Bernd Rullkötter

Aus dem Russischen von
Barbara Conrad
Gertraude Krueger
Rosemarie Reichert
Bernd Rullkötter
Rosemarie Tietze

Herder
Freiburg · Basel · Wien

Neuausgabe

Alle Rechte vorbehalten – Printed in Germany
© Verlag Herder Freiburg im Breisgau 1984
Herstellung: Freiburger Graphische Betriebe 1993
ISBN 3-451-23020-8

Inhalt

Einführung   7

Nikolaj Gogol
Christi Auferstehung 15

Wladimir Dal
Das Osterfest 31

Michail Saltykow-Schtschedrin
„Christus ist auferstanden!" 41

Wladimir Korolenko
Die Nacht vor dem Auferstehungsfest 55

Anton Tschechow
In der Osternacht 65

Leonid Andrejew
Bergamott und Garaska 83

Iwan Bunin
Der letzte Frühling 99

Valentin Katajew
Ostergeschichte (mit Kulitsch natürlich) 117

Iwan Schmeljow
Ostern 121

Aus dem Osterkanon des Heiligen Johannes von Damaskus 142

Die Autoren 143

Einführung

Das Osterfest ist in der orthodoxen Kirche das heiligste aller Feste, das größte Ereignis des ganzen Kirchenjahres, denn durch Christi Auferstehung wird den Menschen das ewige Leben verheißen. Doch die Wurzeln des Festes reichen bis weit in vorchristliche Zeiten.

Ostern geht ursprünglich auf ein hebräisches Fest zurück, das an den Exodus aus Ägypten gemahnte. Im Zuge der Christianisierung wurde es später – wie manches andere Kirchenfest – den heidnischen, also noch vorchristlichen Volksfesten und Riten bewußt angepaßt.

Das russische Osterfest hat seinen Namen dem aramäischen „Paskha" zu verdanken. Passah oder Pascha (gesprochen *Paß-cha*) feiert man in der Woche vom 14. bis zum 21. des hebräischen Monats Nissan, was der zweiten März- oder der ersten Aprilhälfte entspricht. Zu Beginn der christlichen Epoche fielen beide Osterfeste zusammen, aber je größer die Kluft zwischen jüdischem und christlichem Glauben wurde, desto stärker zeigte sich das Bestreben, das Osterfest der Christen vom Passahfest der Hebräer abzusetzen.

Um das christliche Ostern endgültig vom Passahfest zu trennen, beschloß man, den Ostersonntag am ersten Sonntag nach dem ersten Frühlingsvollmond (im März) zu feiern. Astronomen berechneten die Mondumlaufbahn und bestimmten den Ostersonntag im voraus für den Kalender. So entstanden die „Paschalien": kalendarische Tabellen mit Angaben für das Osterfest und die fünfzig Tage währende Osterzeit.

Erst im 5. Jahrhundert erhielt der Ostersonntag die heutige Bedeutung des Tages, an dem Christus von den Toten auferstanden ist. Damit ist eine Legende verbunden: Als bekannt geworden sei, daß Christus nicht mehr in seinem Grabe war, habe Maria Magdalena dem Kaiser Tiberius ein rotes Ei gereicht und gesprochen: „Christus ist auferstanden!"

Mit diesen Worten begrüßt man sich am Ostersonntag in der russischen Kirche. Das Ei ist Symbol für das Grab oder den Sarg und gleichzeitig für das Leben, das in ihm erwacht. Die rote Farbe symbolisiert das Blut Christi.

Am Karfreitag wird ein Gottesdienst abgehalten, der dem Mysterium des gestorbenen Gottessohnes gewidmet ist. In der Mitte der Kirche wird die *Plaschtschaniza* ausgebreitet – ein Tuch (oft eine prunkvolle goldbestickte Handarbeit von Gläubigen), auf dem der Leichnam Christi abgebildet ist. Die Besucher des Gottesdienstes schreiten daran vorbei und erweisen dem Verstorbenen durch Bekreuzigung oder Kuß die letzte Ehre. Am Sonnabend weist der zelebrierende Geistliche die Gläubigen aus der Kirche hinaus, die nun das Grab Christi darstellt.

Nächtliche Stille herrscht, die durch das unheimliche Geschehen besonders niederschmetternd wirkt. Die Kirchentüren sind geschlossen, kein Weg führt zum Grabe. Jetzt bilden die Gläubigen eine Prozession. Alle haben Kerzen in der Hand, beten, singen Psalmen und gehen, begleitet vom Priester und Meßdienern mit den Kirchenfahnen, dreimal um die Kirche herum. Dieser Rundgang bildet den stimmungsvollen Höhepunkt des Ostergottesdienstes.

Währenddessen wird in der leeren Kirche die Leidensgeschichte Christi verlesen. In der Prozession „vernimmt" der Priester die Kunde und begehrt Einlaß in das „Grab", indem er dreimal an das Hauptportal der Kirche klopft. Das Portal öffnet sich, der Geistliche, gefolgt von den Gläubigen, betritt die Kirche, sieht, daß die *Plaschtschaniza* verschwunden ist, und ruft aus: „Christus ist auferstanden!" Allgemeines Frohlocken, freudige Gebete und Glockengeläut verkünden Christi Sieg über Tod und Finsternis. Der Priester steigt zu der Gemeinde hinunter und tauscht mit jedem der Anwesenden dreimal einen Kuß, wobei er die Worte „Christus ist auferstanden!" wiederholt. Die Antwort darauf lautet: „Er ist wahrhaft auferstanden!" Nun küssen auch die Anwesenden einander; die mitgebrachten gefärbten Eier und die Osterspeisen (*Pascha** und *Kulitsch*)**werden vom Priester gesegnet und dürfen jetzt verschenkt oder zu Hause gegessen werden – die Fastenzeit ist vorüber.

In der russischen Kirche ist der Altar, das Allerheiligste, durch ein Podium und die königliche Pforte vom Kirchenschiff getrennt. Die Gläubigen dürfen nur bis zur Podiumsschwelle vordringen. Doch am Ostersonntag, nach der Frühmesse, wird die Pforte geöffnet, und alle dürfen das Allerheiligste betreten, denn das Himmelreich steht jedem offen.

Soviel über die traditionelle Feier des beliebtesten und schönsten Festes der russischen Kirche.

Daneben blieben – teils bis zum heutigen Tage – vor allem auf dem Lande volkstümliche Bräuche und Überlieferungen erhalten, die ihren Ursprung in der mythologisch-heidnischen Zeit der Ostslawen haben und erst später auf das Christentum bezogen wurden. Einige Beispiele:

Der Ostersonntag ist der Tag des Lichtes. Deshalb zündet man während der Frühmesse Osterfeuer an und bringt aus der Kirche geweihte brennende Kerzen mit nach Hause, die wundertätige Eigenschaften haben sollen.

Man erzählt, daß sich die himmlischen Tore am Ostersonntag öffneten, und wer an diesem Tag sterbe, gehe als Heiliger durch die Tore ins Paradies ein.

---

* Quarkpyramide mit kandierten Früchten und Nüssen; gewöhnlich von einem Kreuz und den kyrillischen Buchstaben „XB" geschmückt (für *Christos woskres:* Christus ist auferstanden).
** Hoher, runder Hefekuchen mit Rosinen und Nüssen und häufig einem Überzug aus Zuckerguß.

Früher glaubte man, daß die Sonne in der Osterwoche nicht untergehe und daß die Götter auf die Erde herabstiegen und sie beschenkten. In christlicher Zeit wurde angenommen, daß der Erlöser selbst, die Muttergottes und die Apostel, als Bettler verkleidet, zwischen Ostern und Himmelfahrt auf der Erde wandelten, das Böse bekämpften und den Armen hülfen.

Am siebten Donnerstag nach Ostern wurden Kränze angefertigt, die bis zum Pfingstsonntag frisch bleiben sollten, damit Glück ins Haus komme. Später warf man diese Kränze ins Wasser und las aus ihnen die Zukunft. Der Kranz ist Symbol der Liebe, der Ehe, des Bundes zweier Menschen.

Das kalendarische Neujahr fiel einst auf den Monat März, was die Bedeutung des Osterfestes unterstrich, denn man feierte am selben Tag den heidnischen Frühlingsanfang und das christliche Fest der Auferstehung. Obwohl der kalendarische Neujahrstag später auf den September und schließlich auf den Januar gelegt wurde, blieb Ostern im Volksbewußtsein als Zeitpunkt des Umbruches oder Übergangs erhalten. Dieser Umstand wird auch in der Literatur genutzt: Ostern erscheint oft als eine Art Wendepunkt in der Handlung und wird damit zum Stilmittel. Reine Ostergeschichten, abgeschlossene Erzählungen also, sind dagegen rar.

Der Gedanke drängt sich auf, daß aus einer so langen, fruchtbaren Tradition reichhaltiges literarisches Material zu schöpfen wäre. Doch ein so lichtes Ereignis wie Christi Auferstehung bietet auf den ersten Blick kaum dramatische Ansätze und wenig Konfliktstoff, weshalb viele Schriftsteller das Thema – auch vor der Oktoberrevolution – meiden. Daß die literaturpolitische Entwicklung nach 1917 zur Beschäftigung mit Ostern nur noch wenig Spielraum ließ, versteht sich von selbst.

Die hier zusammengefaßten Erzählungen wurden aus rund zwanzig Ostergeschichten ausgewählt, die nach mühevoller Suche gefunden werden konnten. Welche Gesichtspunkte haben die Auswahl bestimmt?

Es geht darum, die Bedeutung des Osterfestes mit all seinen Aspekten für den russischen Christen zu zeigen: dem Nebeneinander von Freude und Besinnlichkeit, von inspirierender Kraft, Nächstenliebe und Hoffnung.

Der Band soll die einzelnen Werke zu einem Ganzen vereinen, das über zeitgenössische Schilderungen des Osterfestes, über die hier ins Auge gefaßte Epoche (etwa von der Mitte des 19. bis zur Mitte des 20. Jahrhunderts) hinaus historische Gültigkeit besitzt.

Weiter soll dieses Buch ein Schlaglicht auf das – eben nicht nur durch die „weite Seele" charakterisierte – russische Wesen werfen, wie es sich gerade zu Ostern mit unverfälschter Kraft darbietet. Dies heißt natürlich nicht, daß hier ein Porträt des heutigen Sowjetbürgers beabsichtigt wäre. Zweifellos haben politischer Druck und ideologische Indoktrination bewirkt, daß viele Bürger der Sowjetunion – besonders unter der Jugend – der Religion entfremdet sind. Aber die russische Orthodoxie lebt weiter, und diese Geschichten machen deutlich, aus welchen Quellen sich die heute noch vorhandene Religiosität speist.

Ein weiterer Gesichtspunkt für diese Auswahl war schließlich der literarische Wert der vorgestellten Erzählungen. Da dieses Kriterium nicht an erster Stelle stand, ist um so erfreulicher, daß alle Beiträge aus der Feder bedeutender russischer Schriftsteller stammen. Die Arbeiten sind kennzeichnend für die Vielfalt der russischen Literatur: Sie sind vor allem der Klassik des 19. Jahrhunderts, aber auch der Übergangsepoche vom Zarismus zur Sowjetmacht, dem Beginn der sowjetischen Ära und dem Wirken der Emigration entnommen.

Das einzige nicht erzählende Werk, das jedoch als Ostergeschichte im weiteren Sinne bezeichnet werden kann, ist Nikolaj Gogols *Christi Auferstehung*. Es ist ein machtvoller Appell an die Russen, sich der christlichen Werte zu besinnen, eine aufrüttelnde Kritik des Glaubensverfalls und schließlich ein überzeugtes Plädoyer dafür, daß niemand dem Fest der Auferstehung näher sei als der russische Mensch. Gogols leidenschaftliche Worte sind nach fast anderthalb Jahrhunderten noch erstaunlich aktuell.

Der Dank des Herausgebers gilt Archimandrit Irenäus Totzke von der Abtei Niederaltaich, der einige kirchenslawische Textstellen erläuterte, und ganz besonders dem Europäischen Übersetzer-Kollegium in Straelen, wo dieses Buch in Form moderner Übersetzungen entstand.

Irene Nowikowa
Bernd Rullkötter

Nikolaj Gogol
Christi Auferstehung

Der russische Mensch fühlt sich dem Fest der Auferstehung besonders verbunden. Er empfindet es um so lebhafter, wenn er sich in einem fremden Lande aufhält. Wenn er sieht, wie sich dieser Tag in allen anderen Ländern von anderen Tagen fast gar nicht unterscheidet – die gleichen Beschäftigungen wie immer, das gleiche einförmige Leben, der gleiche alltägliche Ausdruck auf den Gesichtern –, dann überkommt ihn Trauer und er wendet sich unwillkürlich Rußland zu. Ihm scheint, daß dort dieser Tag irgendwie besser gefeiert werde und der Mensch selbst froher und besser sei als an anderen Tagen und das Leben selbst anders, nicht alltäglich. Ihm kommt die feierliche Mitternacht in den Sinn, das Glockengeläut allenthalben, das gleichsam die ganze Erde in einem einzigen Dröhnen vereint, der Ausruf „Christus ist auferstanden!", der an diesem Tag alle anderen Grußworte ersetzt, der Kuß, der nur bei uns getauscht wird – und er möchte fast ausrufen: „Allein in Rußland wird dieser Tag gefeiert, wie es sich gehört!" Dies ist selbstverständlich ein Wunschtraum; er löst sich auf, sobald der Mensch tatsächlich nach Rußland zurückgekehrt ist, sobald ihm einfällt, daß dies ein Tag seltsam schlaftrunkener Lauferei und Geschäftigkeit ist, ein Tag unaufrichtiger Besuche, an dem man einander absichtlich aus dem Wege geht, statt sich freudig zu begegnen – und wenn es zu Begegnungen kommt, dann aus ganz eigennütziger Berechnung. Oder vielleicht fällt ihm ein, daß der Ehrgeiz bei uns an diesem Tag noch heftiger brodelt als an allen anderen und man nicht von der Auferstehung des Herrn spricht, sondern davon, wem welche Auszeichnung zufallen und wer was erhalten werde; daß sogar das Volk selbst, dem nachgesagt wird, es freue sich am meisten, schon betrunken auf den Straßen erscheint, kaum daß die feierliche Morgenmesse beendet ist und das Morgenrot die Erde erhellt. Da seufzt er, der arme russische Mensch, sobald ihm das einfällt, und er begreift, daß es sich nur um die Karikatur, die Verhöhnung eines Feiertages handelt und daß es den Feiertag selbst gar nicht gibt. Nur der Form halber küßt irgendein Behördenchef einen Invaliden schmatzend auf die Wange, um den untergebenen Beamten zu zeigen, wie nötig es sei, seinen Nächsten zu lieben; und irgendein rückständiger Patriot, verärgert über die Jugend, die unsere alten russischen Bräuche beschimpft und behauptet, es gebe bei uns rein gar nichts, brüllt zornig: „Alles gibt es bei uns: Familienleben und Familientugenden, die Bräuche werden bei uns streng eingehalten, und unsere Pflicht erfüllen wir wie niemand sonst in Europa, und wir sind ein Volk, das alle bewundern."

Nein, es geht nicht um sichtbare Zeichen, um patriotische Ausrufe und um Küsse, die einem Invaliden gegeben werden, es geht darum, den Menschen an diesem Tag wirklich als das Kostbarste zu betrachten, das wir haben: ihn so zu umarmen und an uns zu drücken wie einen leiblichen Bruder, uns so über ihn zu freuen wie über den besten Freund, den wir mehrere Jahre nicht gesehen haben und der plötzlich unerwartet zu uns gekommen ist. Mehr noch! Denn die Bande, die uns an ihn fesseln, sind stärker als unsere irdische Blutsverwandtschaft, und wir sind ja auch mit ihm durch unseren herrlichen himmlischen Vater verwandt, der uns um vieles näher ist als unser irdischer Vater, und an diesem Tag sind wir in unserer wahren Familie bei Ihm Selbst in Seinem Hause. Dies ist der heilige Tag, an dem die gesamte Menschheit, ohne einen einzigen auszuschließen, ihre heilige, himmlische Bruderschaft feiert.

Anscheinend kam dieser Tag unserem neunzehnten Jahrhundert gerade recht, da der Gedanke an das Glück der Menschheit fast zum Lieblingsgedanken aller geworden ist; da es zum Lieblingswunsch der Jugend geworden ist, alle Menschen wie Brüder zu umarmen; da viele nur davon träumen, wie die ganze Menschheit umzugestalten, die innere Würde des Menschen zu stärken sei; da fast die Hälfte schon feierlich bekannt hat, daß allein das Christentum dazu imstande sei; da erklärt wird, daß das Gesetz

Christi im Leben der Familie wie des Staates fester verankert werden müsse; da sogar schon davon gesprochen wird, daß alles Gemeingut sei, Häuser wie Grund und Boden; da die Heldentaten der Barmherzigkeit und der Hilfsbereitschaft gegenüber Unglücklichen sogar in modischen Salons zum Gesprächsthema geworden sind; und da es schließlich alle möglichen menschenfreundlichen Einrichtungen, Obdachlosenheime und Asyle in Fülle gibt. Es scheint also, daß das neunzehnte Jahrhundert freudig diesen Tag feiern müßte, der doch all seinen großmütigen und menschenfreundlichen Bewegungen so sehr entsprechen dürfte! Aber an ebendiesem Tage erweist sich wie an einem Prüfstein, wie hohl all die christlichen Bestrebungen sind und wie sie alle einzig in Träumen und Gedanken, nicht aber in Wahrheit existieren. Und wenn der Mensch dieses Jahrhunderts an diesem Tag seinen Nächsten wie einen Bruder umarmen soll, dann umarmt er ihn nicht. Er ist bereit, die ganze Menschheit wie einen Bruder zu umarmen, doch seinen Nächsten umarmt er nicht. Tritt aus dieser Menschheit, die er so großmütig umarmen will, nur ein einziger heraus, der ihn beleidigt hat und dem Christus in dieser Minute zu verzeihen gebietet, so umarmt er ihn nicht. Tritt aus dieser Menschheit nur einer heraus, der mit ihm in irgendwelchen nichtigen menschlichen Ansichten nicht übereinstimmt, so umarmt er ihn nicht. Tritt aus dieser Menschheit nur einer heraus, der deutlicher als andere an den schlimmen Geschwüren seiner seelischen Mängel leidet und mehr als andere des Mitgefühls bedarf, so stößt er ihn fort und umarmt ihn nicht. Und seine

Umarmung wird nur jenen zuteil, die ihn noch nie beleidigt haben, mit denen er noch nie Gelegenheit hatte zusammenzustoßen, die er nie gekannt, ja nicht einmal von Angesicht gesehen hat. Solcherart ist die Umarmung, mit welcher der Mensch unseres Jahrhunderts die ganze Menschheit bedenkt, und häufig ist es gerade derjenige, der von sich meint, ein wahrer Menschenfreund und vollkommener Christ zu sein! Ein Christ! Sie haben Christus hinausgejagt, in die Lazarette und Krankenhäuser, statt Ihn in ihre Häuser, unter ihr heimisches Dach einzuladen, und sie meinen, sie seien Christen!

Unser Jahrhundert kann das Osterfest nicht so feiern, wie es gefeiert werden muß. Es gibt ein schreckliches Hindernis, ein unüberwindliches Hindernis, und sein Name ist *Stolz*. Er war auch in früheren Jahrhunderten bekannt, doch damals war es ein kindlicher Stolz, der Stolz auf die eigenen Körperkräfte, der Stolz auf den eigenen Reichtum, der Stolz auf Herkunft und Titel. Aber er hatte noch nicht jene entsetzliche geistige Ausprägung, in der er nun erscheint. Jetzt zeigt er sich in zweierlei Gestalt. Die erste ist der Stolz auf die eigene Lauterkeit.

Die Menschen unseres Jahrhunderts haben sich aus Freude darüber, daß sie in vieler Hinsicht besser geworden sind als ihre Vorfahren, in ihre eigene Lauterkeit und Schönheit verliebt. Niemand empfindet Scham dabei, sich öffentlich seiner seelischen Schönheit zu rühmen und sich für besser als alle anderen zu halten. Man braucht sich nur anzusehen, wie jeder von uns heute als Ritter des Edelmuts auftritt, wie unerbittlich und streng er über den anderen urteilt. Man braucht sich nur anzuhören, wie er sich dafür rechtfertigt, daß er seinen Nächsten sogar am Tage der Auferstehung Christi nicht umarmt hat. Ohne Scham und ohne inneres Schaudern sagt er: „Ich kann diesen Menschen nicht umarmen, er ist garstig, er ist niederträchtig, er hat sich durch eine ehrlose Tat befleckt. Ich lasse diesen Menschen nicht einmal in mein Vorzimmer, ich will nicht einmal dieselbe Luft atmen wie er, ich mache einen Bogen, um ihm auszuweichen und ihm nicht zu begegnen. Ich kann mit gemeinen und verächtlichen Menschen nicht leben – muß ich denn einen solchen Menschen umarmen wie einen Bruder?" Ach, der arme Mensch des neunzehnten Jahrhunderts hat vergessen, daß es an diesem Tag keine gemeinen, keine verächtlichen Menschen gibt, sondern daß alle zu derselben Familie gehören und jedem der Name *Bruder* gebührt, nichts anderes. Mit einem Schlag ist alles vergessen: daß ihn vielleicht gerade deshalb verächtliche und gemeine Menschen umgeben, damit er sie und dann sich selbst betrachte und das in sich zu entdecken suche, was ihn in anderen so erschreckt hat. Er hat vergessen, daß er selbst auf Schritt und Tritt, sogar ohne es zu bemerken, die gleiche niederträchtige Tat begehen kann, wenn auch nur in anderer Form – in einer Form, die ihm keine öffentliche Schande zuzieht, die aber trotzdem, sprichwörtlich ausgedrückt, *nichts als die andere Seite der Medaille ist.* Er hat alles vergessen! Auch, daß es vielleicht gerade deshalb so viele gemeine und verächtliche Menschen gibt, weil die besten und vortrefflichsten Menschen sie schroff und unbarmherzig fortgestoßen und dadurch gezwungen haben, noch grausamer zu werden. Als wäre es leicht, Verachtung zu ertragen! Weiß Gott, vielleicht wurde mancher gar nicht als ehrloser Mensch geboren. Vielleicht bat und flehte seine arme Seele – machtlos im Kampf mit den Versuchungen – um Hilfe, und vielleicht wäre er bereit gewesen, demjenigen Hände und Füße zu küssen, der, von Mitleid bewegt, ihm am Rande des Abgrundes aufgeholfen hätte. Vielleicht hätte ein Quentchen Liebe genügt, um ihn auf den rechten Weg zurückzuführen. Als wäre es schwer gewesen, durch Liebe zu seinem Herzen zu finden! Als wäre die Natur in ihm schon so erstarrt, daß sich kein Gefühl in ihm regen könnte, wo doch sogar ein Räuber für Liebe dankbar ist, wo doch sogar ein Tier sich an die Hand erinnert, die es gestreichelt hat! Aber der Mensch des neunzehnten Jahrhunderts hat alles vergessen, und er stößt seinen Nächsten von sich, wie der Reiche den mit Schwären bedeckten Bettler von seiner prächtigen Treppe stößt. Er will nichts mit dessen Leid zu tun haben, will auf keinen Fall den Eiter seiner Wunden sehen. Nicht einmal seine Beichte will er hören, denn er ist stolz auf den Wohlgeruch seiner eigenen Reinheit und fürchtet, sein Geruchssinn könne von dem stinkenden Atem aus dem Munde des Unglücklichen beleidigt werden. Kann denn ein solcher Mensch das Fest der himmlischen Liebe feiern?

Es gibt eine zweite Form des Stolzes, die noch stärker ist als die erste: den Stolz des Verstandes. Noch nie hat der Stolz solche Ausmaße angenommen wie im neunzehnten Jahrhundert. Das ist schon in der Furcht eines jeden zu spüren, er könne als Dummkopf gelten. Alles erträgt der Mensch dieses Jahrhunderts: daß du ihn einen Schelm, einen Schuft nennst; nenne ihn, wie du willst, er wird es hinnehmen, nur – Dummkopf genannt zu werden, das nimmt er nicht hin. Er läßt zu, daß alles verspottet wird, nur – seinen Verstand zu verspotten, das erlaubt er nicht. Sein Verstand ist für ihn ein Heiligtum. Beim geringsten Spott über seinen Verstand ist er bereit, seinen Nächsten augenblicklich in gehöriger Entfernung aufzustellen und ihm, ohne zu zittern, eine Kugel in die Stirn zu jagen. Er glaubt an nichts und niemanden, nur an seinen eigenen Verstand: Was sein Verstand nicht sieht, das existiert für ihn nicht. Er hat sogar vergessen, daß der Verstand sich weiterbildet, wenn alle sittlichen Kräfte des Menschen sich weiterbilden, daß er stillsteht und sich sogar zurückbildet, wenn die sittlichen Kräfte sich nicht aufschwingen. Er hat auch vergessen, daß kein einziger Mensch über einen allseitigen Verstand verfügt, daß ein anderer vielleicht gerade jene Seite eines Gegenstandes sieht, die er selbst nicht sehen kann, und folglich das weiß, was er selbst nicht wissen kann. Dies glaubt er nicht, und alles, was er nicht selbst sieht, ist für ihn Lüge. Und dieser Überheblichkeit seines Verstandes wegen kann nicht einmal ein Abglanz christlicher Demut ihn streifen. Er zweifelt an allem: an der Aufrichtigkeit des Menschen, den er jahrelang gekannt hat, an der Wahrheit, an Gott, nur nicht an seinem Verstand. Schon sind Streitereien und Gezänk ausgebrochen, nicht um irgendwelche wesentlichen Rechte, nicht aus persönlichem Haß – nein, nicht sinnliche Leidenschaften sind ausgebrochen, sondern die des

Verstandes. Schon liegt man in persönlicher Fehde, wenn Ansichten voneinander abweichen, wenn Gegensätze in der Welt der Gedanken bestehen. Schon haben sich ganze Parteien gebildet, die einander noch nie gesehen, nie persönliche Beziehungen gehabt haben und sich doch schon hassen. Es ist erstaunlich: In einer Zeit, da die Menschen schon glauben wollten, daß sie die Mißgunst durch die Bildung aus der Welt vertrieben hätten, gelangt die Mißgunst auf einem anderen Weg, aus einer anderen Richtung wieder in die Welt – auf dem Weg des Verstandes, und auf den Flügeln der Zeitschriftenbögen fällt sie wie eine alles verderbende Heuschrecke allenthalben über die Herzen der Menschen her. Schon ist der Verstand selbst kaum noch zu hören. Schon beginnen sogar verständige Leute so zu sprechen, wenn auch gegen ihre eigene Überzeugung, denn ihr Stolz erlaubt ihnen nicht, vor allen anderen einen Fehler einzugestehen. Schon herrscht die reine Mißgunst anstelle des Verstandes.

Kann denn der Mensch eines solchen Jahrhunderts sich der christlichen Liebe zum Menschen öffnen? Können ihm jene lautere Einfalt und engelhafte Kindlichkeit zuteil werden, die alle Menschen zu einer einzigen Familie vereinen? Kann er den süßen Hauch unserer himmlischen Bruderschaft wahrnehmen? Kann er diesen Tag feiern? Sogar jener gutmütige Gesichtsausdruck aus früheren einfachen Jahrhunderten, der den Anschein erweckte, daß ein Mensch dem anderen näher sei, ist verschwunden. Der stolze Verstand des neunzehnten Jahrhunderts hat ihn ausgerottet. Der Teufel ist nun schon ohne

Maske in die Welt getreten. Der Geist des Stolzes erscheint schon nicht mehr in verschiedener Gestalt, um abergläubische Menschen zu erschrecken, er erscheint in seiner eigenen Gestalt. Da er wittert, daß seine Herrschaft anerkannt wird, ziert er sich schon nicht mehr vor den Menschen. Mit dreister Schamlosigkeit lacht er ihnen ins Gesicht, denn sie erkennen ihn ja an. Er gibt der Welt so törichte Gesetze, wie sie bisher noch nie dagewesen sind – und die Welt sieht es, wagt aber nicht, ungehorsam zu sein! Was bedeutet diese nichtige, inhaltlose Mode, die der Mensch anfangs als harmlose Kleinigkeit zuließ und die nun schon begonnen hat, als unbestrittene Herrin in unseren Häusern zu walten und all das zu verjagen, was das Wichtigste und Beste des Menschen ist? Niemand fürchtet sich, die allerersten und heiligsten Gesetze Christi mehrfach am Tag zu übertreten, aber er fürchtet sich, den geringsten Befehl dieser Mode nicht auszuführen, und zittert vor ihr wie ein schüchterner Knabe. Was bedeutet es, daß sogar jene, die über die Mode lachen, willfährig nach ihrer Pfeife tanzen? Was bedeuten diese zahllosen sogenannten Anstandsregeln, die wichtiger geworden sind als alle ursprünglichen Gebote? Was bedeuten diese seltsamen Mächte, die sich neben den gesetzlichen herausgebildet haben, diese fremden, zweitrangigen Einflüsse? Was bedeutet es, daß schon Näherinnen, Schneider und Handwerker jeder Art die Welt regieren, während die von Gott Gesalbten beiseite stehen? Ungebildete, niemandem bekannte Menschen ohne Gedanken und aufrichtige Überzeugungen beherrschen die Ansichten und Gedanken der Verständigen, und der Zeitungsbogen, von allen als lügnerisch angesehen, wird zum rücksichtslosen Gesetzgeber für den Menschen, der doch gar keine Achtung vor ihm hat! Was bedeuten all diese ungesetzlichen Gesetze, die ein böser, aus der Unterwelt stammender Geist offensichtlich, vor aller Augen, aufzeichnet? Und die Welt sieht das alles, und, als sei sie gebannt, wagt sie nicht, sich zu rühren. Welch schrecklicher Hohn auf die Menschheit! Und welchen Zweck hat es, bei einem solchen Gang der Dinge noch die äußeren heiligen Bräuche der Kirche zu bewahren, deren Himmlischer Herr keine Macht über uns besitzt? Oder ist dies eine neue Verhöhnung durch den Geist der Finsternis? Aber weshalb dann noch dieser Feiertag, der seinen Sinn verloren hat? Weshalb kommt er stets von neuem, um die auseinanderstrebenden Menschen immer weniger vernehmlich zu einer einzigen Familie zusammenzurufen, und weshalb geht er davon, wie ein allen Unbekannter und Fremder, nachdem er sie traurig angeschaut hat? Ist er wirklich allen unbekannt und fremd? Weshalb gibt es dann noch hie und da Menschen, denen es scheint, als würden sie an diesem Tag froh und feierten ihre Kindschaft – jene Kindschaft, von der sich ein himmlischer Kuß, gleichsam der Kuß des ewigen Frühlings, der Seele mitteilt, jene herrliche Kindschaft, die der stolze heutige Mensch verloren hat? Weshalb ist diese Kindschaft noch nicht für immer vergessen, weshalb rührt sie, wie etwas in einem fernen Traum Erschautes, immer noch unsere Seele? Weshalb das alles und wozu? Ist denn nicht bekannt, weshalb? Ist denn nicht offenbar, wozu? Deshalb, damit wenigstens einigen, die noch den Frühlingshauch dieses Feiertags spüren, plötzlich so traurig zumute werde, so traurig wie einem Engel im Himmel, damit sie mit herzzerreißendem Geschrei ihrem Nächsten zu Füßen fielen und flehten, daß zumindest dieser eine Tag der Reihe anderer Tage entrissen werden möge, daß nur ein Tag nicht nach den Bräuchen des neunzehnten Jahrhunderts, sondern nach den Bräuchen des ewigen Zeitalters gestaltet werde, daß man zumindest an einem Tag den Menschen umarme und umfasse, wie ein Schuldbeladener seinen großherzigen, ihm alles vergebenden Freund umarmt, und sei es nur, um ihn morgen fortzustoßen und ihm zu sagen, daß er uns fremd und unbekannt sei. Hegten wir wenigstens einen solchen Wunsch, könnten wir uns wenigstens mit Gewalt zwingen, dies zu tun, könnten wir uns wenigstens daran klammern, wie ein Ertrinkender nach einem Strohhalm greift! Weiß Gott, vielleicht genügte dieser Wunsch schon, damit vom Himmel eine Leiter herabgeworfen würde und sich uns eine Hand entgegenstreckte, die uns hülfe emporzusteigen.

Aber nicht einmal einen einzigen Tag will der Mensch des neunzehnten Jahrhunderts so gestalten! Schon ist die Erde von unerklärlich tiefem Weh befallen; immer gefühlloser wird das Leben; alles zerbröckelt, zerfällt, und vor aller Augen wächst nur die gigantische Öde, die mit jedem Tage unermeßlichere Gestalt annimmt. Alles ist trostlos, überall Grabesstimmung. O Gott, leer und schrecklich wird es in Deiner Welt!

Warum also scheint allein dem Russen, daß dieses

Fest gefeiert werde, wie es sich gehört, und zwar nur in seinem Lande? Ist das ein Wunschtraum? Aber weshalb hat dann niemand anders außer dem Russen diesen Wunschtraum? Was bedeutet es denn wirklich, daß der Feiertag selbst verschwunden ist, seine Schemen aber noch so sichtbar in unserem Lande umgehen? Die Worte *„Christus ist auferstanden!"* und der Kuß werden getauscht, und wie eh und je schreitet die heilige Mitternacht feierlich heran, das Dröhnen der mächtig läutenden Glocken rollt und tost über das ganze Land, als wollten sie uns aufrütteln! Wo Schemen so sichtbar umgehen, da bleiben sie nicht unbeachtet; wo aufgerüttelt wird, dort wird auch geweckt. Die Bräuche, denen Ewigkeit bestimmt ist, sterben nicht. Ihr Buchstabe stirbt, doch ihr Geist lebt fort. Sie verblassen zeitweilig, sterben in dem wie taubes Gestein ausgelaugten Menschen, doch sie erstehen mit neuer Kraft in den Erwählten, um sich von ihnen mit mächtigem Licht über die ganze Erde auszubreiten. Von unseren alten Bräuchen wird kein Gran dessen sterben, was wahrhaft russisch und von Christus selbst geheiligt ist. Was verblaßt war, wird von den klingenden Saiten der Dichter weithin getragen, von den duftenden Lippen der Priester verkündet werden, wird überall auflodern – und das Fest der heiligen Auferstehung wird bei uns eher als bei anderen Völkern so gefeiert werden, wie es sich gehört! Auf welcher Grundlage können wir so etwas sagen, welche Beweise, in unseren Herzen verschlossen, berechtigen uns dazu? Sind wir besser als andere Völker? Stehen wir Christus durch unser Leben näher als sie? Wir sind nicht besser als irgend jemand, und unser Leben ist noch schlechter geregelt und geordnet als das aller anderen. „Wir sind schlechter als alle übrigen" – das sollten wir stets über uns selbst sagen. Aber es gibt in unserer Natur etwas, das uns dies verheißt. Schon unsere Unordnung verheißt es uns. Wir sind noch geschmolzenes Metall, das nicht in seine nationale Form gegossen wurde; noch haben wir die Möglichkeit, alles für uns Unziemliche auszusondern, von uns zu stoßen und all das aufzunehmen, was andere Völker nicht mehr aufnehmen können, weil sie ihre Form schon haben und in ihr gehärtet sind. In unserer ursprünglichen, von uns vergessenen Natur gibt es vieles, was dem Gesetz Christi nahesteht – das wird bereits dadurch bewiesen, daß Christus ohne Schwert zu uns kam und die Erde unserer Herzen selbst mit Seinem Wort besät werden wollte, daß der Anfang der Bruderschaft Christi schon in unserer slawischen Natur angelegt ist und uns die Verbrüderung der Menschen von jeher mehr bedeutet hat als das eigene Haus und alle Bande des Blutes; daß es bei uns den unversöhnlichen Haß eines Standes auf den anderen und jene erbosten Parteien noch nicht gibt, die man in Europa kennt und die ein unüberwindliches Hindernis für den Zusammenschluß der Menschen und die brüderliche Liebe unter ihnen darstellen; daß wir schließlich von unvergleichlicher Tapferkeit sind: Wenn sich uns allen eine Aufgabe stellt, die für jedes andere Volk entschieden unlösbar ist – und sei es auch, daß wir mit einemmal alle Mängel von uns werfen sollen, welche die edle Natur des Menschen schänden –, dann drängt es uns, jede Schande und jeden Makel zu tilgen, auch unter körperlichen Schmerzen, ohne uns selbst zu schonen, wie im Jahre 1812, als wir unseren Besitz nicht schonten, unsere Häuser und unsere irdischen Güter verbrannten. Keiner wird hinter dem anderen zurückstehen, und in solchen Augenblicken ist alles – jeder Streit, jeder Haß, jede Feindschaft – vergessen, ein jeder umarmt seinen Nächsten, und ganz Rußland wird zu einem einzigen Menschen. Das ist die Grundlage, auf der sich sagen läßt, daß das Fest der Auferstehung Christi eher bei uns gefeiert werden wird als bei anderen. Dies sagt mir mein Herz unüberhörbar, und es ist kein Gedanke, der im Kopf erdacht wurde. So etwas kann man sich nicht ausdenken. Es wird durch Gottes Eingebung auf einmal in den Herzen vieler Menschen geboren, die einander nicht kennen, in verschiedenen Teilen der Erde leben, und es wird zu gleicher Zeit, wie aus einem Munde, kundgetan. Ich weiß genau, daß manch ein Mensch in Rußland, obwohl ich ihn nicht kenne, fest an diese Worte glaubt und sie ausspricht: „Bei uns wird eher als in jedem anderen Lande die heilige Auferstehung Christi gefeiert werden!"

Übersetzung: Bernd Rullkötter

Wladimir Dal
Das Osterfest

Dem Reichen geht es überall gut, dem Armen überall schlecht; nur im Märchen trifft der arme Schlucker es besser als der reiche Geldsack. Nun, wenn die guten Menschen den Armen schon nicht helfen, so haben sie sich wenigstens schöne Geschichten über sie ausgedacht, und dafür sei ihnen Dank. Hört also zu, ich will euch ein solches Märchen erzählen.

In der Ukraine gibt es gar vielerlei christliche Bräuche, die den Menschen beim Leben und Altwerden und Sterben begleiten. Einer dieser Bräuche – kennt ihr ihn nicht, muß ich ihn erst einmal schildern, kennt ihr ihn schon, werdet ihr's mir nicht verdenken – also, in der Ukraine gibt es den Brauch, daß in der Osternacht das Feuer niemals ganz ausgemacht wird. In jedem Haus läßt man unter der Asche noch

Brand glimmen, die ganze Nacht, damit man was hat, woran das Kerzchen vorm Heiligenbild angezündet werden kann, wenn alles von der Ostermette zurückkehrt. Wieder einmal war das langersehnte Osterfest gekommen, die Hausfrauen hatten am Karsamstag gebacken, gesotten, gebraten, damit man was hat, woran die eignen Leute wie auch ein hereingeschneiter Gast sich nach der langen Fastenzeit gütlich tun können. Wieder einmal standen die Osterbrote, Kulitsch heißen sie, die Spanferkel und die gebackenen Puter in zwei Reihen über den Kirchplatz, vom Tor bis zur Kirchentür. Und alle Leute waren festlich gewandet und sahen frohgestimmt dem Auferstehungsfest entgegen.

In diesem Dorf lebte ein armer Mann, der war – weiß der Herrgott, warum – in Haus und Hof von Pech verfolgt. Ein Faulenzer war er nicht, ein Trunkenbold auch nicht, sondern ein guter, arbeitsamer Mensch, und dennoch hatte er nichts als Pech. Nicht nur, daß ihm sein ganzes Viehzeug einging und wegkam, daß er zweimal abbrannte – da muß ihm auch noch sein armes Weib sterben und eine Hütte voller Kinder zurücklassen. So war er denn Witwer und bettelarm noch dazu. Keine Dirn, keine Witwe, die ihn zum Mann nehmen würde; die Kinder ohne Aufsicht, die Frau im Haus fehlt, und so nahm die Not überhand. Welcher Mann wird schon allein fertig, ohne Frau, das ist doch kein Leben! Im Haus kommt er nicht rum, auf dem Acker auch nicht, und die Kinder können sehen, wo sie bleiben. So war er denn gänzlich verarmt und hatte an dem Feiertag nichts zu feiern. Nichts war bereitet, weder Osterbrot noch

Spanferkel; was hätte er auch bereiten sollen, wo schon die ganze Fastenzeit im Ofen kein Feuer gebrannt hatte: zu verfeuern hatten sie nichts, und warmzumachen auch nichts.

Während der ganzen Ostermette stand der arme Mann in der Kirche und betete inbrünstig. Danach tauschte er mit jedem den Osterkuß, und die Leute gaben ihm reichlich: hier eine Scheibe Osterbrot, da ein rotes Osterei. Wie freute er sich, daß seine Kinder was zum Auferstehungsmahl hatten! Er ging nach Haus, legte alles auf den Tisch, holte hinterm Heiligenbild das Kerzchen hervor, wollte es anstecken, sich dreimal bekreuzigen und die Kinder wecken. Da fiel ihm ein – er hatte ja kein Feuer, und draußen war noch finstere Nacht. Wie er sich erinnert, daß die guten Menschen für diesen Tag Glut aufheben, auch eine Kerze, oder das Öllämpchen wird nicht gelöscht, da kommen ihm die früheren Zeiten in den Sinn, als er auch nicht schlechter lebte als andre Leute und eignen Brand im Haus hatte. Sei's drum, Gott hat es so gewollt.

Er ging zum Nachbarn und entbot ihm den Ostergruß: „Christus ist auferstanden!" – „Er ist wahrhaft auferstanden!" – „Gebt mir Brand, gute Leute, damit ich das Kerzchen anzünden kann!" – „Hör sich das einer an! Hat das Osterfest vergessen, will sich außer Haus Brand besorgen! Geh heim, in Gottes Namen, heut hat jeder eignen Brand im Haus, und keinem steht der Kopf nach dir. Hast du wirklich nicht vorgesorgt?" So ging er, der arme Tropf, zum nächsten Bauern; dort lachten ihn die Frauen und Mädchen aus, weil er an solch einem Tag um Feuer von Hof zu

Hof zog, und jagten ihn fort. Er drauf zum dritten Hof, zum vierten – überall das gleiche, überall wird der Tisch gedeckt, jeder hat zu tun und kann den armen Mann nicht gebrauchen. Die einen lachen ihn aus, andre schelten ihn gar und jagen ihn davon. „Zieh deines Wegs", heißt es, „nach dir steht uns grad der Kopf, hol dir doch Brand auf dem Feld draußen, bei den Kärrnern, da kriegst du was."

Zu guter Letzt brach mein armer Mann in Tränen aus und dachte: ‚Mein Gott! Was müssen die Leute mich auch noch kränken? Sie kennen mich doch, bin kein Dieb, kein Trunkenbold, Not und Elend sind über mich hereingebrochen, weiß selbst nicht, wofür und woher, aber sie treiben noch obendrein ihren Spott mit mir ... Haben wohl selber nie Not gekannt ... Gott wird ihnen verzeihen. Daß wir seit der Butterwoche kein Krümchen mehr im Haus hatten, kein einziges Mahl bereiten konnten, darnach fragen sie nichts. Statt dessen halten sie mir als Sünde vor, daß ich kein eignes Feuer habe."

Bei diesen Gedanken stand der arme Schlucker mitten auf der Straße am Dorfausgang und wußte nicht, was tun, wohin sich wenden. Er blickte aufs freie Feld hinaus, da sah er einen Feuerschein. ‚Fürwahr', dachte er, ‚ich geh mir draußen bei den Kärrnern Feuer holen, bleibt mir ja nichts andres mehr übrig. Wenigstens die Kärrner sagen wohl nicht nein, und sind es ja auch nur Kärrner. Auf denn! In dieser Nacht sollen meine Heiligenbilder nicht ohne Kerzchen bleiben und meine Hütte nicht ohne Licht, es täte mir leid um die Kinder. Wie hell es aus allen

Hütten leuchtet, eine Freude, die Straße hinabzuschauen!'

So ging er zum Dorf hinaus und hielt geradewegs auf das Feuer zu. Tatsächlich, da lagerten Kärrner; auch sie gedachten des Feiertags, gleichwohl sie ihn auf freiem Feld begingen. In festtäglichen Kapuzenmänteln und Kitteln saßen sie um das Feuer herum, offenbar waren auch sie erst vor kurzem von der Ostermette zurückgekehrt. „Christus ist auferstanden!" – „Er ist wahrhaft auferstanden!" – „Gebt mir Brand, gute Leute!" – „Herzlich gern, doch worin trägst du ihn fort?" – „So laßt mich wenigstens mein Kerzchen anzünden!" – „Das bringst du nicht bis zum Dorf. Im Feld geht ein Wind, der bläst es aus. Halt den Schoß deines Kittels hin, wir schütten dir Brand auf den Kittelschoß." Ohne lange zu zögern, hielt der Mann den Kittelschoß hin, und die Kärrner scharrten Glut zusammen, mit den bloßen Händen, und schütteten sie auf seinen Kittel. „Geh mit Gott und fürchte dich nicht, du bringst sie wohlbehalten heim."

Was unser Mann sich dabei dachte, als er die Glut auf den Kittel nahm, das weiß ich nicht; aber da er ein einfacher und gottesfürchtiger Mensch war, der nie einen andern getrogen hatte, verwahrte er sein Kerzchen an der Brust, raffte den Kittelschoß und zog von dannen. ‚Wenn die Leute die Glut mit bloßen Händen zusammenscharren und hineinschütten, warum soll ich sie nicht im Kittelschoß bis nach Haus bringen?' Als er in seine Hütte trat, steckte er zuallererst das Kerzchen an, stellte es vor die Heiligenbilder, bekreuzigte sich dreimal auf Knien und erhob sich, um die milden Gaben aufzutischen und die Kinder zu wecken. Da fiel sein Blick auf die Platte vor dem Ofenloch, wo er die Glut aus dem Kittelschoß hingeschüttet hatte, und da lag statt der Glut ein Haufen Gold, lauter Tscherwonzen.

War das eine Freude für den armen Schlucker! Er begriff, das hatte ihm Gott gesandt; er betete abermals, richtete die Osterbrotscheiben und Ostereier her, die er bekommen hatte, als er mit den Dörflern den Osterkuß tauschte, er weckte die Kinder und hieß sie schnellstens sich waschen, ihr Gebet verrichten, mit dem Vater und untereinander den Osterkuß tauschen, sich zu Tisch setzen und das Auferstehungsmahl einnehmen.

Wie nun der Nachbar, der dem Armen kein Feuer gegeben hatte, entdeckte, daß es hell aus dessen Hütte leuchtete, kam er zum Fenster hineinschauen, was da vor sich gehe, und erblickte auf der Ofenplatte einen Haufen Tscherwonzen. Verwundert betrat er die Hütte und fragte den Armen aus, und dieser erzählte ihm ohne Hehl, wie alles gekommen war. Der Nachbar trat wieder auf die Straße, schaute in die Richtung, wohin der Arme gegangen war, und erblickte ebenfalls den Feuerschein. ‚Warum nicht gar‘, dachte er, ‚ich hol mir auch Goldstücke!‘ Und schritt davon.

Derweilen kam von einem andern Hof ein Bauernweib gelaufen, schaute ebenfalls beim armen Mann zum Fenster hinein, schlug die Hände zusammen und betrat die Hütte, um sich an den Tscherwonzen zu ergötzen, den Nachbarn auszufragen und gehörig zu beneiden. Als sie erfahren hatte, wie alles zugegangen war, lief sie nach Haus und machte ihrem Mann Beine, kaum daß er nach seiner Mütze greifen konnte: Er solle schleunigst zu den Kärrnern aufs Feld hinaus, denn weil Ostern sei, würden dort die Goldstücke gaufelweise verteilt. „Raff mir bloß genug zusammen", schrie sie ihm hinterdrein, „sonst muß ich dich, wenn du heimkommst, noch am heiligen Feiertag ausschimpfen!"

Nachdem sie ihren Mann hinausgescheucht hatte, lief sie wieder zum Fenster des Armen, dann nach Haus, dann wieder nach draußen, um nachzuschauen, ob bei den Kärrnern noch Feuerschein leuchte. Die Nachbarinnen sahen sie und fragten, was los sei; erst hatte sie ja schweigen wollen, damit die andern keine Tscherwonzen abbekämen, damit sie alles allein einheimse, aber sie hielt es nicht aus, erzählte alles und rannte gar im ganzen Dorf herum und führte alle zum Fenster des armen Schluckers, zeigte die Goldstücke und erzählte, welch ein Glück Gott diesem Menschen geschickt habe und wo es zu holen sei. Und alle Bauernweiber machten ihren Männern Beine, jagten sie zu den Kärrnern aufs Feld hinaus, damit sie möglichst viel Gold zusammenrafften und im Kittelschoß heimbrächten.

Wie nun die Bauern in großer Schar hinauszogen, trafen sie den Nachbarn, der als erster gegangen war. „Hast du was gekriegt?" – „Und wie, zwei Gaufeln haben sie mir hineingeschüttet." – „Warte, Bruder, lauf nicht davon, wir holen uns auch was, und dann wird zusammengeschüttet und aufgeteilt, damit keiner das Nachsehen hat: So haben wir als Dorfgemeinschaft beschlossen, schließ du dich nun nicht aus." – „Meinetwegen", sagte drauf der Nachbar, „wie ihr wollt."

So kamen sie zu den Kärrnern, die immer noch gesittet um das Feuer herum saßen, zogen die Mützen, entboten den Ostergruß und baten um Brand. Die Kärrner schauten sie an, sagten aber kein Wort, außer daß sie jeden der Reihe nach den Kittelschoß hinhalten hießen und jedem eine Gaufel Glut hineinschütteten. „Eine reicht", sagten sie, als die Bauern immer noch dastanden, als ob sie auf etwas warteten. „Nie habt ihr genug! Ihr seid zu so vielen gekommen, und es muß für alle langen." Nun, da bedankten sich meine Bauern eben, und wie sie sahen, daß die Glut wie ein Kiesel im Kittelschoß lag und nicht brannte, freuten sie sich und schritten wacker aufs Dorf zu nach Haus.

Sie freuten sich, meine Bauern, aber nicht lange. Kaum hatten sie die Kärrner verlassen, da sagte einer: „Was stinkt hier bloß so verbrannt? Riech mal, als hätt' wer zum Fest ein Schwein abgesengt." – „Richtig, es stinkt", sagte ein andrer – und tut einen Schrei, denn er hat die Hand unter den Kittelschoß gehalten und hat sich verbrannt, und raus mit der Glut aus dem Kittelschoß, runter mit dem Kittel von den Schultern und drauf herumgetrampelt, zum Löschen, und der nächste Bauer genauso, der dritte, der vierte ... Schreie, Lärm, Geflüche, sie fallen übereinander her, beschimpfen einander: Alle haben sich die neuen Kittel und Kapuzenmäntel versengt, mancher auch noch die Hände verbrannt; Rauch, Gestank, und die Kärrner, die sind verschwunden, wie vom Erdboden verschluckt: Ochsen, Fuhrwerke, Kärrner, Feuer – alles ist weg.

„Hab ich nicht recht gehabt", sagte die Nachbarin des Armen, die als erste ihren Mann nach Brand ausgeschickt hatte, „hab ich nicht recht gehabt, du Trottel, muß ich dich noch am heiligen Feiertag ausschelten! Hast dir den neuen Kittel verbrannt – und was nun?"

Der arme Schlucker aber war mit seinen Tscherwonzen ein reicher Mann geworden. Er nahm sich eine brave Dirn zur Frau, die seinen Kindern eine gute Mutter wurde.

Was das wohl für Kärrner waren?

Übersetzung: Rosemarie Tietze

Michail Saltykow-Schtschedrin
„Christus ist auferstanden!"

Sagt mir doch, warum ist die Luft in dieser Nacht immer so lau und lind, warum glänzen Millionen Sterne am Himmel, warum trägt die Natur eine solche Freude zur Schau, warum wird mein Herz vom plötzlichen Ansturm der Fröhlichkeit geradezu erdrückt, warum ist mir die Kehle wie zugeschnürt, warum habe ich das Gefühl, daß ich von einer unsichtbaren Woge gleichsam emporgehoben und hinweggetragen werde?

„Christus ist auferstanden!" klingen die Glocken, die plötzlich an allen Ecken und Enden der Stadt ertönen; „Christus ist auferstanden!" murmeln die Bäche, die vom Berg in die Schlucht hinabspringen; „Christus ist auferstanden!" sagen die Kirchturmspitzen, die in jähes Licht getaucht sind; „Christus ist auferstanden!" raunen anheimelnd die ewigen Lichter, die am hohen, dunklen Firmament leuchten; „Christus ist auferstanden!" hallt es aus meiner längst verflossenen Vergangenheit.

Schon gestern habe ich ganz deutlich gehört, wie die Lerche – eben erst aus dem Süden zurückgekehrt – mir mit ihrem flinken und süßen Gesang die frohe Kunde brachte, die mein Herz immer schon mit zarter Hoffnung erfüllte. Schon gestern habe ich gesehen, wie die gute Kaufmannsfrau Palageja Iwanowna weder Rast noch Ruh kannte, bis sie unzählige Kulitsche gebacken und Paschas angesetzt, Hunderte von Eiern gefärbt und Dutzende von Schinken im Teig zubereitet hatte.

„Wozu denn so viele Kulitsche, Palageja Iwanowna?" fragte ich sie.

„Ist doch alles für die ‚unglücklichen Seelen'!" gab sie zur Antwort und bekreuzigte sich gottesfürchtig.

Ich liebe Palageja Iwanowna sehr. Das ist fürwahr eine achtenswerte Frau! Häftlinge sind für sie „unglückliche Seelen", und offenbar hat sie ihr ganzes Leben der Aufgabe gewidmet, ihnen die Enge und Härte der Haft zu erleichtern. Sie fragt nicht, was das für ein Häftling ist, dem sie im Namen Christi ein Almosen reicht: ein Räuber, ein Dieb oder einfach jemand, der sich einen „Fehltritt" geleistet hat. In ihren Augen sind sie alle nichts als „unglückliche Seelen", und so werden jeden Sonntag bündelweise Weizenkringel, pfundweise Rindfleisch und Fisch aus ihrem Haus getragen, und die „unglücklichen Seelen" preisen Palageja Iwanownas Namen, nennen sie „Mütterchen" und „Wohltäterin"... Und meine Meinung ist, wenn irgend jemand auf dieser Welt sich das Himmelreich verdient hat, dann ganz sicher Palageja Iwanowna.

Schon gestern abend spürte ich, daß sich in der Stadt etwas Besonderes tut. Eine halbe Stunde vor Mitternacht leuchteten in allen Fenstern Lichter auf, danach zogen die Leute durch alle Straßen, und die Krutogorsker Adligen ratterten in den unterschiedlichsten Equipagen durch die Stadt.

Und auch ich hörte die Ostermette mit einem eigentümlichen, lange entbehrten Gefühl der Freude, und als ich aus der Kirche trat, war ich von unerklärlicher, froher Menschenliebe, Barmherzigkeit und Nachsicht erfüllt.

„Christus ist auferstanden!" dachte ich. Für alle ist er auferstanden — für groß und klein, für Juden und Griechen, für die früh und die spät Gekommenen, für arm und reich, Weise und Narren — vor seiner Auferstehung sind wir alle gleich, wir alle treten an den Tisch, den der Sieg über den Tod bereitet hat.

Nicht ohne Grund meint der Volksglaube, daß die Seele eines Sünders, der am Osterfest stirbt, von den Sünden gereinigt wird und in die paradiesischen Gefilde eingeht.

Ist der Gedanke an den Tod überhaupt zulässig an einem Tag, an dem alles vom Leben spricht, alles zum Leben ruft? Ich liebe diesen Volksglauben, weil er nicht nur von Poesie, sondern auch von ungetrübter, trostspendender Liebe durchdrungen ist. Ich weiß nicht warum, aber wenn ich die Menge arbeitender Menschen anschaue, die im Schweiße ihres Angesichts ihr Brot verdienen, bringt mich das immer auf den Gedanken: ‚Wie schön, an diesem hohen Tag zu sterben!'

Für alle ist Christus auferstanden! Auch für dich ist er auferstanden, du griesgrämiger und käuflicher Mensch, dessen verhärtetes Herz sich allen Freuden und Genüssen des Lebens verschlossen hat – nur nicht den Genüssen der Raffgier und der Lüge. An diesem hohen Tag wirft auch deine Seele alles unreine Trachten ab, das auf ihr lastet, und du wirst gütig und freigebig; du breitest die Arme aus, deinen Bruder zu umfangen.

Auch für euch ist er auferstanden, ihr armen Häftlinge, unglückliche, unerkannte Wanderer auf dem Meer des Lebens! Christus, niedergefahren zur Hölle, ist auch in eure Herzen eingegangen und hat sie geläutert in dem Feuer seiner Liebe. Es gibt keine Diebe, keine Mörder, keine Ehebrecher! Wir sind alle Brüder, rein und unschuldig vor der Stimme der alles verzeihenden, erlösenden Liebe ... Umarmen wir einander, und rufen wir aus ganzem Herzen: „Freunde! Brüder! Christus ist auferstanden!"

Auch für dich ist er auferstanden, du armer Schreiberling, ergebenes Opfer der grausamen Bürokratie! Der gute Amtsvorsteher Sergej Aleksandrytsch hat angeordnet, allen Beamten zum Feiertag etwas aus der „Handkasse" zukommen zu lassen – und so erscheint denn auf deinem Tisch ein glasierter Kulitsch, und daneben prunkt noch ein schönes Stück Kalbsbraten. Dein Winkel ist nicht eben groß, dein dürftiges Leben bietet keinen ergötzlichen Anblick; an diesem Tag jedoch ist auch deine ärmliche Stube festlich geputzt und aufgeräumt, die Kinder haben reinliche Hemdchen aus Kattun an, und die Frau trägt voll Stolz ihren übermäßig gestärkten Rock zur Schau. Unablässig laufen deine Kinder zu dem glänzenden Kulitsch und zu dem verlockenden Kalbsbraten: sie können es kaum erwarten, bis all diese Köstlichkeiten ihnen gehören. Du aber dämpfst freundlich ihre Ungeduld; du weißt, daß heute zum Auferstehungsmahl ebensolche Schreiberlinge zu dir kommen, wie auch du einer bist, denen vielleicht nichts aus der „Handkasse" zuteil geworden ist; heute öffnet sich dein Herz allen Menschen; alle liebst du und grämst dich nur darum, daß du nicht alle im Namen des Heilandes Jesus Christus mit Speise und Trank erfreuen kannst.

Auch für dich ist er auferstanden, du grauer Bauernkittel! Für dich ganz besonders, hast du doch das ganze Jahr über seinen Namen gepriesen, als du die Erde, die uns alle ernährt, mit deinem Schweiß tränktest, hast dich das ganze Jahr über geplagt, hast gewartet und stets dabei gedacht: „Wenn erst Ostersonntag ist, kann ich unter seinem Schutz und Schirm ausruhen!" Und so ruhst du, denn noch laufen muntere Bächlein übers Feld, die Erde fängt eben erst zu atmen an, und noch werden dein Hakenpflug und deine beharrliche Arbeit auf dem Feld nicht gebraucht!

Für uns alle ist Christus auferstanden! Wir alle, groß und klein, arm und reich, Juden und Griechen, alle wollen wir uns erheben und einander herzlich in die Arme schließen!

Als ich erwachte, stand die Sonne schon hoch am Himmel – wie hell sie leuchtete, wie heiß sie brannte! Die Straßen waren trocken; die Alten haben schon recht, wenn sie sagen, in der sechsten Fastenwoche mag es draußen toben, wie es will, die Karwoche macht alles wieder gut, und bis zum Ostertag ist es warm und trocken. Da hielt ich es nicht mehr aus allein in meinem Zimmer und ging hinaus auf die Straße, um mir die Leute anzuschauen.

„Christus ist auferstanden!" ruft mir Porfirij Petrowitsch zu, der eben in einem von Goldfüchsen gezogenen Zweispänner vorüberfährt. „Kommen Sie auch?" Und ohne meine Antwort abzuwarten, fügt er hinzu: „Na-na, Freundchen! Heute wär' das 'ne Sünde! Heute ist kein Tag zum Kartenspielen! Heute geht man nach alter Sitte früh schlafen."

Ich gehe weiter und erreiche bald das Häuschen von „Mutter" Palageja Iwanowna, wo zur Feier des hohen Tages alle Fenster weit offen stehen.

„Was machen unsere ‚unglücklichen Seelen'?" erkundige ich mich bei der gutherzigen Frau. Der Anblick ihres lieben Gesichts labt und erfrischt meine Seele.

„Na, was denn schon? Gott sei Dank, das ist geschafft! Fast erdrückt haben sie mich alte Frau! Aber zier dich nicht, lieber Herr, komm herein zum Osterschmaus! Wär doch traurig, mein Herzchen, ganz allein an so einem Feiertag!"

Und wirklich, mir wird plötzlich so trübe und weh ums Herz, daß ich spüre, wie Tränen mich würgen und mir die Luft abschnüren. Es kommt mir wirklich so vor, als gehe mir etwas ab, als sei ich überflüssig auf der Welt, als sei ich alleine, immer allein. Und die gutherzige Palageja Iwanowna wird mir doppelt lieb, einmal weil sie mich „mein Herzchen" genannt, und dann weil sie mich zum hohen Festtag so liebevoll in ihr Haus und an ihren Tisch geladen hat. Ich weiß nicht warum, aber immer, wenn Palageja Iwanowna mit mir spricht, seufzt sie und schüttelt den Kopf auf eine so besondere Weise. Manchmal bemerke ich zufällig, wie sie mich anschaut, wenn ich mit ihren Nichten und Neffen rede, ihren Waisenkindern, von denen ihr Haus voll ist, und immer liegt eine stille, liebevolle Wehmut in ihrem Blick. Kein Zweifel, sie sieht auch in mir eine der vielen „unglücklichen Seelen", sie würde auch mich freudig in ihr Herz schließen, genau wie ihre Waisenkinder, wenn ich nicht das Pech hätte, Beamter zu sein. Der Beamtenrock hat mich in vielen Fällen der Möglichkeit beraubt, angenehme Dinge zu genießen. Palageja Iwanowna ist eine hochgewachsene und füllige Frau; es ist anzunehmen, daß sie in jungen Jahren eine Schönheit war – erstens, weil ihre Gesichtszüge noch immer von vergangener Schönheit zeugen, und zweitens, weil eine Frau mit wahrhaft gutem Herzen meiner Meinung nach ganz einfach schön sein muß.

Unterdessen trete ich in den Hof, wo die junge Generation um die Wette tollt und tobt. Für Palageja Iwanowna ist diese Ausgelassenheit sehr tröstlich. Als grundguter Mensch ist sie selber sehr fröhlich, und deshalb sieht sie es gern, wenn auch andere fröhlich sind. Sobald ich in den Hof trete, ist meine Melancholie wie weggeblasen. Von allen Seiten stürzen die kleinen Nichten und Neffen auf mich zu und präsentieren mir stolz ihre neuen Sachen – Palageja Iwanowna hat sie alle zum Fest bedacht. Seitwärts am

Zaun ist ein Holzklotz, über den ein Brett gelegt wurde, und zwei ungefähr zwölfjährige Mädchen geben sich alle Mühe, so hoch wie möglich zu wippen. Bei den Wirtschaftsgebäuden pickt friedlich eine Putenschar, und ein paar Jungen necken eifrig den riesigen Truthahn, der sich mit aller Macht aufplustert und immer wieder auf die Quälgeister zuläuft, die dann augenblicklich nach verschiedenen Seiten davonstieben.

„Wanja! Aber, Wanja! Was ärgerst du den Hahn, mein Guter?" ruft Palageja Iwanowna, die mir auf der Treppe entgegenkommt.

Aber die Kinder belagern mich so sehr, daß es mir unmöglich ist, mich der Hausfrau zu nähern. Laut und gebieterisch fordert jeder seinen Zehner für Pfefferkuchen, den er dann auch mit allen Anzeichen umfassender und geräuschvoller Zufriedenheit entgegenimmt.

„Diese Lümmel, wie sie den Herrn mit Beschlag belegen!" sagte Palageja Iwanowna, aber irgendwie klingen die „Lümmel" aus ihrem Munde gar nicht wie ein Schimpfwort.

Endlich kann ich mich losreißen und gehe in die Stube, wo schon eine große Gesellschaft versammelt ist. In der vorderen Ecke sitzt Großvater Iwan Gawrilitsch; schon seit zehn Jahren sieht und hört er nichts mehr, und er ist so alt, daß sein Gesicht ganz bemoost aussieht. Doch Palageja Iwanowna hat ihn noch nie hintergangen, hat ihn nicht vor der Zeit um seinen Segen gebeten, und ich weiß sicher, daß die Schlüssel zur Geldtruhe sich bis heute im Gewahrsam des „Großväterchens" befinden, und der rückt nur mit äußerster Knausrigkeit etwas von dem Geld heraus. Die alte Frau neben ihm ist die Schwiegermutter der Hausfrau, und diese ehrwürdige Person läßt mich an Palageja Iwanownas Mann denken. Dieser Ehemann ist noch am Leben, jedoch dummer Geschichten wegen irgendwohin verbannt, und zweifellos geht das Mitleid, das Palageja Iwanowna für die „unglücklichen Seelen" empfindet, zu einem großen Teil auf diesen Umstand zurück. Auch der Kanzlist Trofim Nikolajitsch ist da; er hat sich ganz und gar dem Trunk ergeben – früher hat er einmal bessere Zeiten gesehen. Kreispolizeichef war er, dann Assessor, dann wieder Kreispolizeichef, dann einfach Lohnschreiber beim Landgericht, bis er endlich vollständig auf den Hund gekommen war und sein Domizil gleich ganz in der Kneipe aufschlug, wo er jedem Trunkenbold für ein Gläschen Branntwein eine Eingabe zusammenschreibt – egal worüber und an wen. An diesem hohen Feiertag jedoch hält es auch Trofim Nikolajitsch für eine Sünde, in die Kneipe zu gehen, und so überbringt er verschiedenen Wohltätern, von denen er in Kaufmanns- und Kleinbürgerkreisen eine ganze Menge besitzt, seinen Glückwunsch. Übrigens geht er äußerst selten an den großen Tisch, wo der Kulitsch steht und alles, was sonst noch zu Ostern gehört; dafür hält er sich mehr an den kleinen Tisch an der Wand, wo die Gläschen und die Karaffen mit Wodka locken. Ein paar junge Frauen und Burschen runden das Bild ab.

„Nur herein! Unterhalten Sie sich gut!" sagt Palageja Iwanowna, als sie mich ins Zimmer führt. „Väterchen! Nikolaj Iwanytsch ist gekommen!"

Aber „Großväterchen" hört nichts und schmatzt nur.

„Nehmen Sie es dem Alten nicht übel, lieber Herr", fährt Palageja Iwanowna fort. „Er kann Ihnen nicht mit der gehörigen Achtung begegnen – ist zu betagt."

Man setzt mich neben den Alten, obwohl ich lieber mit den jungen Frauen zusammen gewesen wäre; andererseits haben die meine saure Miene wohl schon bemerkt, denn ich sehe, wie sie heimlich lachen.

„Iß nur, Väterchen, iß nur!" sagt Palageja Iwanowna zu dem Kanzlisten, der das Glas erhoben hat, seiner Zunge bereits nicht mehr mächtig ist und ihr nur einen langen, flehenden Blick zuwirft.

Das Gespräch, das bei meinem Eintreten unterbrochen wurde, wird wieder aufgenommen, wenn auch sehr zurückhaltend.

„Mhm", brummelt der Großvater, „mhm, Kinderchen, da ist man alt geworden, steinalt, und trotzdem möchte man noch leben ... Zehn Jährchen möcht ich schon noch durchhalten, wirklich und wahrhaftig!"

Die jungen Frauen lachen.

„Das reicht ja noch zum Heiraten, Großvater", sagt eine von ihnen naseweis, „rüstig, wie du bist!"

„Hä?" fragt der Großvater.

Palageja Iwanowna geht zu ihm hinüber und ruft ihm so laut es geht ins Ohr, daß die Warwara dort drüben drauf und dran sei, ihren noch durchaus lebendigen Mann zu verlassen, um ihn, den Greis, zum Traualtar zu führen.

„Ja, ja", antwortet der Großvater, „ich bin noch ganz rüstig ... noch ganz rüstig, nur die Beine wollen nicht mehr so recht ... nein, die Beine, die wollen gar nicht recht ..."

Die jungen Weiber prusten noch stärker als zuvor.

„Na, und wie gehen die Geschäfte, Großvater?" fragt die Schwiegermutter und beugt sich ganz zu dem Ohr des Alten hinunter.

„Schlecht, meine Dame, schlecht! In letzter Zeit ist's ganz schlecht geworden; ich selbst hör ja nicht mehr so recht, und die Palagejuschka hier ist noch so jung ... Manchmal fühlt man sich so schlapp, als wär man wahrhaftig alt. Aber am schlimmsten sind die Beine! Das reißt da drinnen, weißt du, das reißt, als ob dir die Knochen durch die Mühle gedreht werden!"

Trofim Nikolajewitsch wankt auf den Großvater zu, beugt sich zu seinem Ohr und will ihm wohl gute Gesundheit wünschen; jedoch bringt er nur ein Hicksen und ein unappetitliches Blubbern heraus, was die jungen Frauen außerordentlich erheitert. Der Alte aber, dem der starke Fuselgeruch in die Nase steigt, drückt sich enger an die Wand.

„Großväterchen! Trofim Nikolajitsch wünscht dir gute Gesundheit!" schreit Palageja Iwanowna und fügt, an den Kanzlisten gewandt, hinzu: „Lang zu, mein Lieber, lang nur ordentlich zu!"

„Je-oje", brabbelt der Alte, „und ich dachte schon, in der Kneipe nebenan wär die Tür aufgegangen ... wirklich und wahrhaftig! Und du Kanzleiratte – säuft mit Gewalt, wird hundert Jahre alt?"

„Eh-he-re sei G-gott dem H-herrn!" bringt Trofim Nikolajitsch mit Mühe hervor.

„Wieso, was denn, ‚Ehre sei Gott dem Herrn'!" bemerkt Iwan Gawrilytsch. „Dabei – drei Tage nichts gegessen, Verehrtester! Wodka, immer nur Wodka, aber zum Wodka muß man schließlich auch Brot essen!"

„Das sch-sch-stimmt!" meint Trofim Nikolajitsch.

„Eben! Und will noch vornehm sein dazu!"

„Aber mein Lieber, warum essen Sie denn gar nichts?" wendet sich Palageja Iwanowna an mich. „Sprechen Sie doch wenigstens dem Gebäck hier zu, oder knacken Sie Nüsse mit den jungen Frauen! Vielleicht ist es Ihnen langweilig mit uns alten Leuten? Kommen Sie doch herüber in die gute Stube: dort sitzen unsere jungen Frauen!"

Ich gehe in das andere Zimmer, aber auch dort werde ich nicht fröhlich. Als ob ein bösartiger Wurm mir am Herzen nagt und mich nicht am allgemeinen Frohsinn teilhaben läßt. Ein Viertelstündchen bleibe ich noch sitzen, dann gehe ich.

Es ist schon zwei Uhr; auf den Straßen ist es merklich ruhiger geworden, jedoch sammeln sich überall in den Toren kleine Gruppen von Kaufleuten und Kleinbürgern, die mit dem Essen fertig sind und jetzt in ihrem Festtagsstaat frische Luft schnappen wollen. Lieder sind nicht zu hören, an einem so hohen Feiertag singt man nicht. Alles, was sich hier versammelt hat, gibt sich offenbar weniger dem Vergnügen als vielmehr der Erholung und einer glücklichen Sorglosigkeit hin.

„Was laufen Sie immer so allein durch die Welt!

Kommen Sie doch mit zu uns zum Essen!" lädt mich mein bester Freund Wassilij Nikolajitsch Projmin ein.

Und ich gehe mit, überaus glücklich, daß ich einen Menschen gefunden habe, mit dem ich das Mahl dieses großen Tages teilen kann. Wassilij Nikolajitsch vertreibt mir endgültig die gedrückte Stimmung mit seiner Gutmütigkeit, die man allerdings nicht auf die Probe stellen darf. Seine Frau, eine äußerst lebhafte und schlagfertige Dame, bereitet mir wahre Freude mit ihren Geschichten vom letzten Empfang beim Fürsten Lew Michajlowitsch. Ihre Kinder, die das Temperament und die Behendigkeit der Frau Mama sowie die Gutmütigkeit und feine Beobachtungsgabe des Herrn Papa geerbt haben, klettern mir auf die Schultern und reden sich allen Ernstes ein, ich sei ein Pferdchen und beileibe kein Hofrat.

Ich bin glücklich, ich esse mit derartigem Appetit, daß die alte Haushälterin Warwara mich entsetzt anschaut und bei sich denkt, ich hätte zumindest in der Karwoche keinen einzigen Bissen zu mir genommen.

Übersetzung: Gertraude Krueger

Wladimir Korolenko
Die Nacht vor dem Auferstehungsfest

Karsamstag im Jahre 187*.
Längst hatte sich ein trüber Abend auf die verstummte Erde gesenkt. Tagsüber hatte es sich aufgewärmt, jetzt schien die Erde, vom frischen Frosthauch der Frühjahrsnacht leicht umweht, ruhig und tief zu atmen; von diesem Atem stiegen weißliche Nebel auf und glänzten in den Strahlen des majestätisch funkelnden Sternenhimmels, als wären es Weihrauchschwaden, die dem kommenden Fest entgegenzogen.

Es war still. Die kleine Gouvernementsstadt N., ganz in die trübe Kühle eingetaucht, erwartete stumm den Augenblick, da von der Höhe des Kirchturms der erste Glockenschlag erklingen würde. Aber die Stadt schlief nicht. Unter der feuchten Hülle der Dämmerung, im Schatten der schweigsamen, menschenleeren Straßen, spürte man verhaltene Erwartung. Nur bisweilen lief verspätet noch jemand vorbei, den beinahe der Feiertag bei seiner schweren Arbeit überrascht hätte, oder es fuhr ratternd eine Mietskutsche vorüber – dann wieder herrschte lautlose Stille ... Das Leben war von den Straßen in die Häuser zurückgewichen, in die reichen Wohnstätten und die elenden Hütten, deren Fenster nach draußen leuchteten, und dort hielt es sich verborgen. Über der Stadt, den Feldern, über der ganzen Erde spürte man das unsichtbare Wehen des nahenden Festes der Auferstehung und der Erneuerung.

Der Mond war noch nicht aufgegangen, die Stadt lag im breiten Schatten einer Anhöhe, auf der ein großes, finsteres Gebäude zu sehen war. Seine eigentümlichen geraden und strengen Umrisse hoben sich düster vom Sternenhimmel ab; im Dunkel der überschatteten Mauer klaffte, kaum erkennbar, das Tor; die vier Ecktürme schnitten mit ihren scharfen Spitzen in den Himmel.

Da löste sich von der Höhe des Glockenturms der erste klingende Schlag, wurde weitergetragen von der empfindsamen Luft dieser melancholischen Nacht, dann der zweite, der dritte ... Nach kurzer Zeit klangen und sangen von allen Seiten und in den verschiedensten Tonlagen die Glocken, und ihr Geläute verschmolz zu einer machtvollen Harmonie, schwang leicht und schien im Äther zu kreisen. Auch aus dem finster über der Stadt aufragenden Gebäude war ein schwindsüchtiges, brüchiges Klirren zu hören, es schien in der Luft zu zittern, ohnmächtig, sich nach dem machtvollen Akkord in die Ätherhöhen aufzuschwingen.

Das Läuten verstummte. Die Töne zerschmolzen in der Luft, doch nur langsam trat die Lautlosigkeit der Nacht wieder in ihre Rechte ein: lange noch schien ein undeutlicher Nachhall in der Dunkelheit zu schweben, wie das Zittern einer unsichtbaren, in der Luft gespannten Saite. In den Häusern gingen die Lichter aus, die Kirchenfenster strahlten auf. Im Jahre 187* bereitete sich die Erde wieder einmal darauf vor, die alte Botschaft vom Sieg des Friedens, der Liebe und der Brüderlichkeit zu verkünden.

Am dunklen Tor des finsteren Gebäudes rasselten die Riegel. Ein halber Zug Soldaten, die in der Dunkelheit mit den Waffen klirrten, kam heraus zur nächtlichen Wachablösung. Sie marschierten bis zum Ende der Mauer, blieben bei der Wache stehen; aus dem dunklen Menschenhaufen trat gemessenen Schritts eine Gestalt hervor, während der bisherige Wachtposten in den undefinierbaren schwarzen Haufen einzutauchen schien. Dann bewegte sich der Trupp weiter und schritt die ganze hohe Gefängnismauer ab.

An der Westseite trat als Ablösung für den hier postierten Wachsoldaten ein junger Rekrut hervor; aus seinen Bewegungen war die dörfliche Ungeschliffenheit noch nicht verschwunden, das junge Gesicht hatte noch die angespannte Aufmerksamkeit des Neulings bewahrt, der zum ersten Mal einen verantwortungsvollen Posten übernimmt. Er stellte sich mit dem Gesicht zur Mauer, schulterte das Gewehr ab, tat zwei Schritte und stand nach einer halben Drehung Schulter an Schulter mit dem abzulösenden Wachsoldaten. Der wandte ihm den Kopf leicht zu und gab in eingelernter Manier die üblichen Instruktionen: „Von Ecke zu Ecke ... aufgepaßt ... nicht geschlafen, nicht geträumt!" Der Soldat sagte das schnell; immer noch angespannt hörte der Rekrut zu, in seinen grauen Augen schimmerte ein besonderer Ausdruck von Schwermut.

„Verstanden?" fragte der Gefreite.

„Jawohl!"

„Also, paß auf!" sagte der andere streng, doch gleich darauf in verändertem Ton, eher gutmütig: „Nur keine Angst, Fadejew! bist doch kein altes Weib ... Hast doch keine Angst vor Gespenstern?"

„Wieso Gespenster?" fragte Fadejew naiv und meinte dann nachdenklich: „Aber im Herzen ... als ob da was flattert, wißt ihr."

Bei diesem freimütigen, fast kindlich wirkenden Eingeständnis gab es Gelächter im Trupp.

„Da hast du's, Dorf bleibt eben Dorf!" sagte der Gefreite mit herablassendem Mitgefühl, dann gab er barsch das Kommando: „Ge-we-e-hr über! Ohne Tritt – Marsch!"

Der Wachzug marschierte im Gleichschritt los und verschwand um die Ecke, bald waren die Schritte nicht mehr zu hören. Der Wachtposten schulterte das Gewehr und ging leise die Mauer entlang.

Im Gefängnis begann es sich beim letzten Glockenschlag zu regen. Die finstere und kummergeladene Gefängnisnacht hatte schon lange nicht mehr solch ein Leben gesehen. Als ob das Glockengeläut wirklich die Botschaft von der Freiheit gebracht hätte: die schwarzen Zellentüren wurden eine nach der anderen geöffnet. Menschen in grauen Kitteln mit den verhängnisvollen farbigen Stoffzeichen auf dem Rücken gingen in langen Reihen paarweise die Gänge entlang zur Gefängniskirche, die in Lichtern erstrahlte. Sie kamen von rechts und von links, die Treppen von unten herauf und von oben herunter; ab und zu hörte man durch das dumpfe Getrappel Waffengeklirr und das Rasseln von Fußketten. Beim Eintritt in die geräumige Kirche verteilte sich die graue Menge auf die durch Gitter abgetrennten Plätze und kam zur Ruhe. Auch an den Kirchenfenstern waren starke Eisengitter zu sehen.

Das Gefängnis war leer. Nur in den vier Ecktürmen, in kleinen fest verschlossenen runden Zellen, liefen vier Einzelhäftlinge verdrossen hin und her, preßten immer wieder das Ohr an die Kerkertür und lauschten begierig den Bruchstücken des aus der Kirche herübertönenden Gesanges.

Und dann lag in einer Gemeinschaftszelle noch ein Kranker auf der Pritsche. Der Aufseher, dem man über den plötzlich Erkrankten Meldung erstattet hatte, ging zu ihm, als die Gefangenen in die Kirche geführt wurden, beugte sich hinab und schaute ihm in die Augen, die in seltsamem Glanz brannten und ziellos ins Leere blickten.

„Iwanow! He, Iwanow!" rief er den Kranken an.

Der Häftling wandte den Kopf nicht um. Er murmelte etwas Unverständliches; seine Stimme war heiser, die brennenden Lippen bewegten sich nur mit Anstrengung.

„Morgen ins Krankenhaus!" beschied der Aufseher und ging hinaus. An der Zellentür ließ er einen Schließer zurück; der schaute den Fieberkranken aufmerksam an und schüttelte den Kopf.

„Ach, Landstreicher! Du hast die Lauferei hinter dir, Bruder, das sieht man!" Und überzeugt, daß hier nichts mehr zu tun war, begab er sich durch den Gang zur Kirche, blieb an der verschlossenen Tür stehen und lauschte dem Gottesdienst, wobei er immer wieder auf die Knie fiel und sich verneigte.

In der leeren Zelle war ab und zu das unverständliche Gemurmel des Kranken zu hören. Das war ein noch nicht alter Mann, kräftig und stark. Er phantasierte, durchlebte dabei noch einmal, was ihm jüngst widerfahren war, und sein Gesicht verzerrte sich vor Qual.

Das Schicksal hatte diesem Landstreicher einen häßlichen Streich gespielt. Tausend Werst war er gelaufen, hatte sich seinen Weg durch die Taiga und über wilde Gebirgsketten gebahnt, hatte tausenderlei Gefahren bestanden und Entbehrungen ertragen – getrieben von brennendem Heimweh und von der einen Hoffnung: ‚Nur wiedersehen ... einen Monat ... eine Woche lang ... bei der Familie ... Selbst wenn's dann nochmal derselbe Weg sein muß!' Hundert Werst vom Heimatdorf entfernt war er in dieses Gefängnis geraten.

Plötzlich verstummte das unverständliche Gemurmel. Die Augen des Landstreichers weiteten sich, die Brust atmete gleichmäßiger. Glücklichere Träume umwehten den glühenden Kopf.

Die Taiga rauscht ... er kennt es – dieses gleichmäßig singende, freie Rauschen. Er hat gelernt, die Stimmen des Waldes, eines jeden Baumes zu unterscheiden. Die mächtigen Kiefern tönen hoch oben im dichten dunklen Grün; die Fichten flüstern – langgezogen, vernehmlich; fröhlich wiegt die helle Lärche ihre weichen Zweige, und das zarte Laub der Espe zittert und bebt. Es pfeifen die freien Vögel, das Bächlein hüpft plappernd und ungestüm durch steinige Schluchten, und die Kundschafter der Taiga, die Schwärme geschwätziger Elstern, fliegen dort in der Luft, wo vom Dickicht verborgen der Flüchtige die Taiga durchstreift.*

Es war, als hätte ein Hauch des freien Taigawindes den Kranken gestreift. Er richtete sich auf, seufzte tief; angespannt blickten die Augen geradeaus, und plötzlich blitzte so etwas wie Bewußtsein in ihnen auf. Der Landstreicher, gewohnt zu fliehen, sah eine ungewöhnliche Erscheinung: eine offene Tür.

Da durchfuhr ein machtvoller Instinkt den von Krankheit geschüttelten Körper: rasch schwanden die Fieberphantasien, oder kreisten vielmehr nur noch um eine einzige Vorstellung, die als heller Strahl aus diesem ganzen Chaos hervorbrach: ‚Ich bin allein! Die Tür ist offen!'

Einen Augenblick später stand er auf dem Boden. Es schien, als hätte sich die ganze Fieberglut seines

---

* Sibirische Landstreicher erzählen, daß tief in der Taiga Elstern in Schwärmen die Menschen begleiten, die sich durchs Waldesdickicht kämpfen. Zu Zeiten, wo die Jagd auf entlaufene Zwangsarbeiter vom Gesetz erlaubt war, spürten burjatische Jäger, geleitet vom lauten Geschrei der Elsternschwärme, diese Landstreicher auf. *Anm. des Verf.*

entzündeten Hirns auf die Augen konzentriert: seltsam ruhig blickten sie, beharrlich und schrecklich.

Jemand öffnete beim Hinausgehen kurz die Kirchentür ... Harmonischer Gesang wogte, durch die Entfernung gedämpft, ans Ohr des Landstreichers, dann war wieder alles still. Eine weiche Regung glitt über sein blasses Gesicht, die Augen trübten sich, und in seinem Inneren tauchte ein lange in Träumen gehegtes Bild auf: eine stille Nacht, das Geflüster der Kiefern, die sich mit ihren dunklen Zweigen über die alte Kirche im Heimatdorf neigen ... das Gedränge der Leute aus dem Dorf, die Lichter über dem Fluß, und eben dieser Gesang. Er machte sich eilends auf den Weg, um all das dort, bei den Seinen, mitzuerleben.

Im Gang bei der Kirchentür kniete indessen der Schließer und betete inbrünstig.

Der junge Rekrut schritt mit seinem Gewehr an der Mauer auf und ab. Vor ihm ausgebreitet lag das weite, erst jüngst vom Schnee befreite Feld. Ein leichter Wind ging darüber, raschelte im vertrockneten Gestrüpp, fuhr durchs Steppengras vom Vorjahr und weckte in dem Soldaten schwermütige Gedanken.

Er blieb an der Mauer stehen, stellte sein Gewehr ab, stützte die Hände auf die Gewehrmündung und den Kopf auf die Hände und versank in tiefes Nachsinnen. Er begriff immer noch nicht, warum er eigentlich in dieser feierlichen Nacht vor dem Festtag hier stand, mit dem Gewehr an der Mauer, das öde Feld vor Augen. Überhaupt war er noch ein rechter

Bauer, der vieles nicht verstand, was dem Soldaten selbstverständlich ist; nicht von ungefähr hatten sie ihn als Dörfler gehänselt. War er doch vor kurzer Zeit noch frei gewesen, sein eigener Herr, Herr über seine Felder, seine Arbeit ... Und jetzt die Angst, diese unwillkürliche, unerklärliche, dumpfe Angst, die ihn auf Schritt und Tritt verfolgte, die dieses junge und ungeschliffene Dorfkind immer mehr aufs feste Gleis des strengen Dienstes trieb.

Aber in dieser Minute war er allein ... Das öde Land, das sich vor seinen Augen ausbreitete, und das Pfeifen des Windes im Steppengras versetzten ihn in eine Art Dämmerschlaf. Bilder von zu Hause zogen vor den Augen des jungen Soldaten vorüber. Auch er sah jetzt sein Dorf, über das derselbe Wind wehte, die in Lichtern erstrahlende Kirche, und die alten Kiefern, die ihre dunklen Wipfel über der Kirche wiegten.

Bisweilen schien er zu sich zu kommen, dann spiegelte sich Verwunderung in seinen grauen Augen: Was war das nur? Das Feld, das Gewehr, und die Mauer? Einen Moment lang wurde ihm die Wirklichkeit bewußt, doch bald wehte ihm der Nachtwind mit seinem verschwommenen Klang wieder die vertrauten Bilder zu. Er stützte sich aufs Gewehr und träumte aufs neue.

Unweit der Stelle, wo der Wachtposten stand, tauchte oben auf der Mauer etwas Dunkles auf: der Kopf eines Menschen. Der Landstreicher schaute ins weite Feld, zu dem kaum erkennbaren Streifen des fernen Waldes ... Seine Brust weitete sich, sog gierig den frischen freien Hauch der alles beschützenden

Nacht ein. Er stützte sich auf die Hände und rutschte sacht die Mauer hinab.

Freudiges Glockengeläut vertrieb die nächtliche Stille. Die Tür der Gefängniskirche wurde geöffnet, durch den Hof bewegte sich die Prozession; ein Schwall wohltönenden Gesangs ergoß sich aus der Kirche. Der Soldat schrak zusammen, richtete sich auf, nahm die Mütze ab, um sich zu bekreuzigen und ... erstarb, die Hand erhoben. Der Landstreicher hatte den Boden erreicht und stürzte zum Gestrüpp.

„Halt, Halt! Bitte, Bruder, bleib stehn!" schrie der Wachtposten und hob voll Entsetzen das Gewehr. Alles, was er gefürchtet, wovor er gezittert hatte, brach jetzt über ihn herein, all das Formlose, Furchtbare – beim Anblick dieser fliehenden grauen Gestalt. ‚Dienst, Verantwortung!' durchzuckte es den Soldaten, er riß das Gewehr hoch und zielte auf den fliehenden Menschen. Die Augen kläglich zusammengekniffen drückte er ab.

Und wieder schwebte über der Stadt der harmonische, schmelzende Klang und schwang sich in den Äther, und die brüchige Gefängnisglocke zitterte und stöhnte, wie ein angeschossener Vogel. Über die Mauer schallten klar und weit ins Feld die ersten Klänge des Triumphgesangs: „Christus ist auferstanden!"

Doch plötzlich krachte bei der Mauer ein Schuß und übertönte alles andere. Dann ein schwaches, hilfloses Stöhnen, ein ungreifbares Klagen, und alles wurde still.

Nur ein fernes Echo im öden Feld wiederholte mit traurigem Grollen den Nachhall des Gewehrschusses.

Übersetzung: Barbara Conrad

Anton Tschechow
In der Osternacht

Ich stand am Ufer der Goltwa und wartete auf die Fähre. Gewöhnlich ist die Goltwa ein Fluß mittlerer Breite, schweigsam und versonnen, der friedlich durchs dichte Schilf glänzt, jetzt aber dehnte sich vor mir ein ganzer See. Die unbändigen Frühlingsfluten waren über beide Ufer getreten und hatten das angrenzende Land weit überschwemmt, hatten auch Gemüsegärten, Heuwiesen und Sümpfe erfaßt, so daß man gar nicht selten auf der Wasseroberfläche einsam ragende Pappeln oder Sträucher entdecken konnte, die im Dunkeln schroffen Felsen glichen.

Das Wetter kam mir herrlich vor. Es war dunkel, dennoch konnte ich Bäume, Wasser, Menschen erkennen. Die Welt war von Sternen erleuchtet, die dicht den ganzen Himmel überzogen. Ich weiß nicht, wann ich jemals so viele Sterne gesehen habe. Man konnte buchstäblich keinen Finger dazwischen stecken. Manche waren groß wie Gänseeier, andere winzig wie Hanfkörner. Allesamt, kleine und große, waren zur Festtagsparade am Himmel aufgezogen, gewaschen, aufpoliert, fröhlich, und alle flimmerten sie sacht. Die Luft war warm und still. Fern am andern Ufer, in der undurchdringlichen Finsternis, brannten verstreut einzelne grellrote Feuer.

Zwei Schritte neben mir sah ich die dunkle Silhouette eines Bauern mit hohem Hut und dickem, knorrigem Stock.

„Wo nur die Fähre so lange bleibt", sagte ich.

„Sie müßte schon da sein", antwortete die Silhouette.

„Wartest du auch auf die Fähre?"

„Nein, das nicht", sagte der Bauer träge, „ich warte auf die Lumination. Ich würde ja fahren, doch, ehrlich gesagt, habe ich den Fünfer für die Fähre nicht."

„Ich gebe dir einen."

„Nein, danke vielmals ... Für den Fünfer stell lieber im Kloster eine Kerze für mich auf. So habe ich mehr davon. Ich stehe hier ganz gut. Was sagt man dazu, keine Fähre! Wie vom Wasser verschluckt!"

Der Bauer trat ganz nahe ans Wasser, faßte mit der Hand das Tau und rief: „Hieronymus! Hiero-ony-mus!!"

Wie als Antwort auf seinen Ruf kam vom anderen Ufer der hallende Schlag einer großen Glocke. Er klang voll und tief, wie von der dicksten Saite eines Kontrabasses; die Finsternis selbst schien ein Zeichen zu geben. Gleich darauf war ein Kanonenschuß zu hören. Er rollte in der Dunkelheit und verlor sich weit hinter meinem Rücken. Der Bauer nahm den Hut ab und bekreuzigte sich.

„Christus ist auferstanden!" sagte er.

Noch waren die Schwingungen des ersten Glokkenschlages nicht verebbt, da ertönte der nächste, nach ihm gleich ein dritter, und die Dunkelheit füllte sich mit unaufhörlichem, bebendem Dröhnen. Bei den roten Feuern flammten neue auf, und alle zusammen gerieten in Bewegung, flackerten unruhig.

„Hiero-onymus!" erklang ein dumpfer, langgezogener Ruf.

„Sie rufen vom andern Ufer", sagte der Bauer. „Also ist die Fähre dort auch nicht. Unser Hieronymus ist eingeschlafen."

Die Feuer und das samtige Glockengeläut lockten. Ich war nahe daran, die Geduld zu verlieren und mich aufzuregen, da endlich entdeckte ich, in die dunkle Ferne spähend, die Umrisse von etwas, das sehr nach einem Galgen aussah. Es war die ersehnte Fähre. Sie bewegte sich ganz langsam, und wären ihre Konturen nicht allmählich hervorgetreten, hätte man meinen können, sie stünde auf der Stelle oder führe ans andere Ufer.

„Mach schnell! Hieronymus!" rief mein Bauer. „Ein Herr wartet."

Die Fähre glitt ans Ufer, schaukelte ein wenig und blieb knarrend stehen. Auf ihr stand ein hochgewachsener Mann und hielt sich am Tau fest. Er trug eine Mönchskutte und eine spitz zulaufende Mütze.

„Weshalb so spät?" fragte ich und sprang auf die Fähre.

„Verzeiht um Christi willen", erwiderte Hieronymus leise. „Sonst niemand da?"

„Nein."

Hieronymus packte das Tau mit beiden Händen, krümmte sich zu einem Fragezeichen und ächzte. Die Fähre knarrte und schaukelte ein wenig. Die Silhouette des Bauern mit dem hohen Hut entfernte sich langsam von mir – wir hatten also abgelegt. Nach kurzer Zeit richtete Hieronymus sich auf und bediente die Fähre nun mit einer Hand. Wir schwiegen und schauten zum Ufer, auf das wir zufuhren. Dort hatte die „Lumination", auf die der Bauer wartete, schon begonnen. Unmittelbar am Wasser loderten die hohen Flammen brennender Teerfässer. Ihr Widerschein, purpurrot wie der aufgehende Mond, glitt uns in langen, breiten Streifen entgegen. Die brennenden Fässer beleuchteten den Rauch, der von ihnen aufstieg, und die langen, zuckenden Schatten der Menschen am Feuer; weiter abseits jedoch und hinter den Fässern, wo das samtige Geläut herkam, lag immer noch undurchdringliche, schwarze Finsternis. Plötzlich stieg, das Dunkel zerteilend, eine Rakete als goldenes Band zum Himmel. Sie beschrieb einen Bogen und zerstob krachend, als sei sie am Himmel zerschellt, in Funken. Vom Ufer hörte man ein Getöse wie fernes Hurrageschrei.

„Wie schön!" sagte ich.

„Es ist gar nicht zu sagen, wie schön", erwiderte Hieronymus seufzend. „Das macht diese Nacht, mein Herr! Zu anderer Zeit achtet man nicht auf Raketen, aber heute freut man sich an jeglichem Tand. Ihr persönlich kommt woher?"

Ich sagte es.

„Ja ... ein froher Tag heute ...," fuhr Hieronymus mit jener schwachen, kurzatmigen Tenorstimme fort, mit der genesende Kranke reden. „Es freuen sich Himmel, Erde und Hölle. Alle Kreatur nimmt teil an diesem Fest. Nur sagt mir, guter Herr, wie kommt es, daß der Mensch trotz großer Freude seinen Kummer nicht vergessen kann?"

Mir schien, als wolle diese unvermutete Frage mich in eines jener langatmigen, „seelenrettenden" Gespräche ziehen, wie Mönche in ihrer Muße und Langeweile sie so lieben. Ich war nicht danach aufgelegt, viel zu reden, und fragte deshalb nur:

„Welchen Kummer haben Sie denn, Vater?"

„Gewöhnlich solchen wie alle Menschen, Euer Wohlgeboren, guter Herr. Doch am heutigen Tag hat sich im Kloster etwas besonders Trauriges ereignet: Während des Gottesdienstes, bei den Paroimien, ist der Klosterdiakon Nikolaj gestorben."

„Nun, das war Gottes Wille!" sagte ich, den Tonfall der Mönche übernehmend. „Alle müssen sterben. Ich meine, Sie sollten sogar froh sein. Es heißt doch, wer Ostern oder am Abend zuvor stirbt, kommt ganz gewiß ins Himmelreich."

„Das ist wahr."

Wir verstummten. Die Silhouette des Bauern mit dem hohen Hut war mit den Konturen des Ufers verschmolzen. Die Teerfässer loderten immer heftiger.

„Die Schrift sagt uns deutlich, daß Kummer eitel ist, und das eigene Denken sagt es auch", brach Hieronymus das Schweigen. „Aber weshalb grämt sich die

Seele und will auf die Vernunft nicht hören? Weshalb möchte man bitterlich weinen?"

Hieronymus zuckte die Achseln, drehte sich mir zu und sprach dann rasch: „Wäre ich gestorben oder sonst jemand, das wäre womöglich gar nicht so spürbar geworden, aber nun ist Nikolaj gestorben! Nicht irgend jemand, sondern Nikolaj! Ich kann es kaum glauben, daß er nicht mehr auf der Welt ist! Da stehe ich hier auf meiner Fähre und denke immerfort, gleich wird er sich vom Ufer vernehmen lassen. Damit mir auf der Fähre nicht unheimlich wird, ist er immer ans Ufer gekommen und hat mir etwas zugerufen. Eigens dafür ist er nachts vom Bett aufgestanden! Diese gute Seele! Mein Gott, wie gut und wie barmherzig! Zu manch einem Menschen ist die Mutter nicht so gut, wie dieser Nikolaj zu mir war. O Herr, sei seiner Seele gnädig!"

Hieronymus griff nach dem Tau, drehte sich jedoch gleich wieder zu mir um. „Und welch ein erleuchteter Geist, Euer Wohlgeboren!" sagte er mit singender Stimme. „Welch eine Sprache, wohlklingend und süß! Geradeso, wie gleich in der Ostermette gesungen wird: ‚O die liebliche, o die süßeste Stimme dein!' Und neben allen anderen Tugenden hatte er noch eine ganz seltene Gabe."

„Welche denn?" fragte ich.

Der Mönch musterte mich, und dann – als sei er zu der Überzeugung gekommen, daß man mir ein Geheimnis anvertrauen kann – sagte er fröhlich:

„Er hatte die Gabe, Akafiste zu schreiben. Ein Wunder, mein Herr, wirklich ein Wunder! Ihr werdet staunen, wenn ich es Euch erkläre! Unser Vater

Archimandrit kommt aus Moskau, unser Vater Abt hat die Akademie in Kasan besucht, dazu haben wir noch kluge Priester und Starzen im Kloster, und doch, ich sag es Ihnen, nicht ein einziger ist dabei, der zu schreiben verstünde. Aber Nikolaj, ein einfacher Mönch, ein Klosterdiakon, der nirgends studiert hat und noch nicht einmal äußerlich etwas vorstellte, der konnte schreiben! Ein Wunder! Wahrlich ein Wunder!"

Hieronymus hatte sein Tau völlig vergessen, er schlug die Hände zusammen und fuhr schwärmerisch fort: „Unser Vater Abt hat Mühe, wenn er Predigten verfassen soll; als er an der Klosterchronik schrieb, hat er die gesamte Bruderschaft herumgejagt und ist wohl zehnmal in die Stadt gefahren, aber Nikolaj konnte Akafiste schreiben! Akafiste! Das ist noch etwas anderes als eine Predigt oder eine Chronik!"

„Ist es denn schwierig, Akafiste zu schreiben?" fragte ich.

„Eine große Kunst." Hieronymus wiegte den Kopf. „Da hilft weder Weisheit noch Heiligkeit, wenn Gott einem die Gabe nicht verliehen hat. Manche, die nichts davon verstehen, stellen sich vor, daß es genügt, wenn man das Leben des Heiligen kennt, zu dessen Ehren man schreibt, und sich dann nach den anderen Akafisten richtet. Aber das ist falsch, mein Herr. Natürlich, wer einen Akafist schreibt, der muß das Heiligenleben ganz genau kennen, bis in die letzten winzigsten Einzelheiten. Und nach den übrigen Akafisten muß er sich auch richten, also, womit man anfängt und worüber man schreibt. Das erste Kontakion, um Euch ein Beispiel zu geben, beginnt überall mit „Erwählter" oder „Auserwählter". Der erste Oikos muß immer mit dem Engel beginnen. Im Akafist auf unseren süßesten Jesus, wenn es Euch interessiert, beginnt dieser Oikos: ‚Der Engel Schöpfer, der Kräfte Gebieter', im Akafist auf die Allerheiligste Gottesmutter: ‚Der Engel Fürst vom Himmel ward gesandt', bei Nikolaj dem Wundertäter: ‚Engelsgleich und doch von irdischer Natur', und so fort. Immer beginnt er mit dem Engel. Natürlich muß man sich nach den übrigen Akafisten richten, ohne das geht es nicht, aber die Hauptsache ist nicht das Heiligenleben oder die Übereinstimmung mit den anderen Akafisten, sondern Schönheit und Wohlklang. Alles muß harmonisch, kurz und gehaltvoll sein. Aus jeder Zeile muß Milde, Liebe und Zärtlichkeit sprechen, es darf kein einziges grobes, schroffes Wort vorkommen. Man muß so schreiben, daß das Herz des Betenden sich freut und weint, und daß sein Geist bebt und erschauert. Im Akafist auf die Gottesmutter stehen die Worte: ‚Sei gegrüßt, du Hohe, unerreichbar dem Sinnen der Menschen, sei gegrüßt, du Tiefe, unergründbar selbst dem Auge der Engel!' An einer anderen Stelle desselben Akafistes heißt es: ‚Sei gegrüßt, Baum leuchtender Früchte, der die Gläubigen labt, sei gegrüßt, wohlschirmendes Laubdach, darunter viele sich bergen!'"

Hieronymus nahm die Hände vors Gesicht, als habe ihn etwas erschreckt oder beschämt, und schüttelte den Kopf.

„Baum leuchtender Früchte ... wohlschirmendes Laubdach ...," murmelte er. „Solche Worte muß man erst einmal finden! Solche Begabung muß einem Gott erst einmal schenken! Der Kürze halber werden viele Wörter und Gedanken in ein Wort gedrängt, und wie melodisch und sinnreich das alles wird! ‚Du lichttragender Leuchter' heißt es im Akafist auf den süßesten Jesus. Lichttragend! Solch ein Wort gibt es nicht in der Rede und nicht in Büchern, und doch hat ein Mensch es erdacht, in seinem eigenen Geist gefunden! Außerdem, mein Herr, muß jede Zeile nicht nur melodisch und kraftvoll sein, sondern auch mannigfach geschmückt: Da müssen Blumen sein und Blitz und Wind und Sonne und alle Dinge der sichtbaren Welt. Und jede Lobpreisung muß so gefügt sein, daß sie weich klingt und dem Ohr wohlgefällig. ‚Sei gegrüßt, Lilie, dem Paradiese entsprossen', heißt es im Akafist auf Nikolaj den Wundertäter. Nicht einfach ‚Lilie des Paradieses', sondern ‚Lilie, dem Paradiese entsprossen'. So klingt es geschmeidiger, süßer im Ohr. Und so hat Nikolaj geschrieben. Genau so! Ich kann es Euch mit Worten nicht sagen, wie er geschrieben hat!'

„Ja, in einem solchen Fall ist es bedauerlich, daß er gestorben ist", sagte ich. „Aber lassen Sie uns weiterfahren, Vater, wir kommen sonst zu spät."

Hieronymus faßte sich und ging schnell wieder ans Tau. Am Ufer setzten nun die Glocken mit vollem Geläut ein. Wahrscheinlich hatte im Kloster die Prozession um die Kirche schon begonnen, denn überall im Dunkel hinter den Teerfässern bewegten sich auf einmal Lichter.

„Hat Nikolaj seine Akafiste drucken lassen?" fragte ich Hieronymus.

„Drucken lassen, wo denn?" antwortete er seufzend. „Wäre auch seltsam gewesen, wenn man sie gedruckt hätte. Wozu? Bei uns im Kloster interessiert sich dafür niemand. Man mag so etwas nicht. Man wußte, daß Nikolaj schreibt, doch man hat sich nie darum gekümmert. Heutzutage, mein Herr, hat vor Geschriebenem keiner mehr Achtung."

„War man voreingenommen?"

„Genau das. Wäre Nikolaj ein Starze gewesen, dann hätte die Bruderschaft womöglich ein wenig Interesse gezeigt, aber er war ja noch nicht einmal Vierzig. Es gab welche, die lachten oder sahen es sogar für Sünde an, daß er schrieb."

„Wozu hat er dann aber geschrieben?"

„Nur so, mehr zu seiner eigenen Erbauung. Von der ganzen Bruderschaft las nur ich allein seine Akafiste. Insgeheim, damit die anderen es nicht sehen, bin ich zu ihm gegangen, und er hat sich gefreut, daß ich mich interessiere. Umarmt hat er mich, mir über den Kopf gestrichen, mir Kosenamen gegeben, wie einem kleinen Kind. Er hat die Zellentür zugemacht, mich an seine Seite gesetzt, und dann lasen wir."

Hieronymus ließ das Tau los und trat zu mir.

„Wir beide waren so etwas wie Freunde", flüsterte er und sah mich mit glänzenden Augen an. „Wo er hinging, da ging auch ich hin. War ich nicht da, hatte er Sehnsucht. Auch liebte er mich mehr als alle anderen, und nur, weil ich bei seinen Akafisten weinen mußte. Mir wird weh, wenn ich daran denke! Jetzt bin ich ganz so wie eine Waise oder eine Witwe. Wißt Ihr, bei uns im Kloster sind alle gute und gottesfürchtige Menschen, nur – nicht einer hat Milde und Zartgefühl. Als wären es Leute von einfachem Stand. Immer reden sie laut, poltern, wenn sie gehen, machen Krach, husten; Nikolaj dagegen sprach stets leise, freundlich, und sowie er merkte, daß jemand schläft oder betet, huschte er vorbei wie eine Fliege oder eine kleine Mücke. Sein Gesicht war zart, mitfühlend."

Hieronymus seufzte tief und nahm das Tau. Wir näherten uns bereits dem Ufer. Mitten aus der Dunkelheit und der Stille des Flusses kamen wir allmählich in ein verzaubertes Reich voll beißendem Rauch, prasselnder Helle und Lärm. Bei den Teerfässern, das konnte man schon deutlich erkennen, bewegten sich Menschen. Das Flackern des Feuers verlieh ihren roten Gesichtern und Gestalten einen eigenartigen, beinahe unwirklichen Ausdruck. Ab und zu tauchten zwischen den Köpfen und Gesichtern Pferdemäuler auf, unbeweglich, wie aus Kupfer gegossen.

„Gleich werden sie den Osterkanon anstimmen", sagte Hieronymus. „Doch Nikolaj ist nicht mehr da, niemand wird sich hineinversenken. Für ihn war kein Werk so erquickend wie dieser Kanon. In jedes Wort konnte er sich versenken! Ihr werdet ja dort sein, mein Herr, vertieft Euch in das, was gesungen wird: es raubt einem den Atem!"

„Werden Sie denn nicht in der Kirche sein?"

„Ich kann nicht ... Die Fähre muß fahren."

„Aber werden Sie denn nicht abgelöst?"

„Ich weiß nicht. Eigentlich hätte ich schon nach acht Uhr abgelöst werden sollen, aber Ihr seht ja, es kommt keiner. Und, ehrlich gesagt, ich möchte gern in die Kirche."

„Sind Sie Mönch?"

„Ja ... das heißt, Klosterbruder."

Die Fähre stieß hart ans Ufer und stand. Ich steckte Hieronymus den Fünfer für die Überfahrt zu und sprang an Land. Sogleich rollte ächzend ein Karren mit einem Buben und einer schlafenden Bauersfrau auf die Fähre. Hieronymus, vom Feuerschein in schwaches Rot getaucht, legte sich ins Tau, krümmte sich und setzte die Fähre in Bewegung.

Ein paar Schritte machte ich durch den Schlamm, dann konnte ich über einen weichen, frischgetrampelten Pfad gehen. Dieser Pfad führte zu dem dunklen, einer kleinen Senke gleichenden Klostertor – mitten durch Wolken von Rauch, mitten durch Menschengewühl, ausgeschirrte Pferde, Karren und Kaleschen. Alles ächzte, schnaubte, lachte, und über allem flackerte ein Purpurschein, wogten dunkle Rauchschwaden. Das reine Chaos! Und in diesem Gewimmel hatte man noch Platz gefunden, eine kleine Kanone zu laden und Lebkuchen feilzubieten!

Jenseits der Mauer, auf dem Kirchhof, herrschte ein ebenso reges Treiben, aber es wurde mehr auf Ordnung und Sitte geachtet. Hier roch es nach Weihrauch und Wachholder. Es wurde laut geredet, doch Lachen und Schnauben war nicht zu hören. Bei den Grabmälern und Kreuzen drängten sich die Menschen mit Kulitschen und Bündeln dicht an dicht. Offenbar waren viele von weither gekommen, um ihre Kulitsche weihen zu lassen, und waren nun erschöpft. Junge Klosterbrüder liefen geschäftig über die Eisenplatten, die vom Tor zur Kirchentür führten und von ihren Stiefeln widerhallten. Auch auf dem Glockenturm war Leben und Geschrei.

„Was für eine unruhige Nacht!" dachte ich. „Wie schön!"

Die ganze Natur wollte einem unruhig und schlaflos vorkommen, von der nächtlichen Finsternis angefangen bis hin zu den Platten, den Grabkreuzen und den Bäumen, unter denen die Menschen hin und her liefen. Doch nirgendwo zeigten sich Erregung und Unruhe so stark, wie in der Kirche. Am Eingang gab es einen ständigen Kampf zwischen hinein- und herausströmenden Menschen. Die einen kamen, die anderen gingen, kehrten aber bald zurück, um eine Weile stehenzubleiben und sich dann aufs neue in Bewegung zu setzen. Die Menschen streiften von einem Platz zum andern, schlenderten umher, als suchten sie etwas. Vom Eingang kam eine Welle und lief durch die ganze Kirche, störte sogar die vorderen Reihen, wo die soliden und gewichtigen Leute standen. Von konzentriertem Gebet konnte keine Rede sein. Gebetet wurde überhaupt nicht, vielmehr herrschte eine Art allumfassender, kindlich-naiver Freude, die nur einen Anlaß suchte, um auszubrechen, sich in Bewegung zu verwandeln, und sei es nur in ein rücksichtsloses Geschiebe und Gedränge.

Dieselbe Unrast fiel auch beim österlichen Ritual auf. Die Heiligen Türen an der Altarwand waren alle weit geöffnet, dichte Rauchwolken schwebten um den Kronleuchter; wohin man auch sah, überall Lichter, Glanz, Geknister von Kerzen. Textlesungen gibt es gar nicht, der rege und fröhliche Gesang bricht bis zum Schluß nicht ab; nach jeder Ode des Osterkanons wechseln die Geistlichen die Meßgewänder und treten mit Weihrauchkesseln vor den Altar, und das wiederholt sich beinahe alle zehn Minuten.

Ehe ich noch einen Platz gefunden hatte, kam von vorn die Welle und drängte mich zurück. Ein hochgewachsener, stämmiger Diakon schritt mit einer langen roten Kerze an mir vorüber. Ihm nach eilte, in der goldenen Mitra, der grauhaarige Archimandrit mit einem Weihrauchgefäß. Als sie den Blicken entschwunden waren, schob mich die Menge wieder an meinen vorigen Platz. Doch keine zehn Minuten vergingen, und es kam eine neue Welle, und wieder erschien der Diakon. Diesmal folgte ihm der Abt, ebenjener, der Hieronymus' Worten zufolge die Chronik des Klosters geschrieben hatte. Während ich so, verschmolzen mit der Menge, von der allgemeinen freudigen Erregung angesteckt wurde, empfand ich ein schmerzliches Mitleid für Hieronymus. Weshalb wurde er nicht abgelöst? Warum konnte denn nicht jemand auf die Fähre gehen, der weniger empfindsam und gefühlvoll war?

Der Chor sang: „Hebe Deine Augen auf, o Zion, und siehe, vom Aufgang und Niedergang, von Mittag und Mitternacht kommen zu Dir Deine Kinder, als von Gott erleuchtete Sterne."

Ich schaute mir die Gesichter an. Auf allen lag der Ausdruck des Triumphes, doch nicht ein Mensch hörte wirklich zu und versenkte sich in das, was gesungen wurde, keinem „raubte es den Atem". Weshalb nur wurde Hieronymus nicht abgelöst? Ich konnte mir diesen Hieronymus vorstellen, wie er demütig irgendwo an der Wand stand, vorgebeugt, und gierig die Schönheit der heiligen Sätze in sich aufnahm. Alles, was jetzt den Menschen, die um mich standen, an den Ohren vorbeirauschte, hätte er mit seiner wachen Seele gierig aufgenommen, hätte sich vollgesogen bis zur Ekstase, bis es ihm den Atem geraubt hätte, und im ganzen Gotteshaus wäre kein Mensch glücklicher gewesen als er. Jetzt aber fuhr er herüber und hinüber auf dem dunklen Fluß und härmte sich um seinen toten Bruder und Freund.

Von hinten rollte eine neue Welle heran. Ein beleibter, lächelnder Mönch zwängte sich, mit dem Rosenkranz spielend und sich umschauend, an mir vorbei und bahnte einer Dame mit Hut und Samtmantel den Weg. Hinter der Dame eilte ein Klosterdiener und trug, über unsere Köpfe hinweg, einen Stuhl.

Ich trat aus der Kirche. Ich wollte mir den toten Nikolaj ansehen, den unerkannten Verfasser von Akafisten. Ich ging bei der Einfriedung herum, wo sich eine Reihe von Mönchszellen an der Mauer entlangzog, blickte in einige Fenster und kehrte, da ich nichts entdeckte, wieder um. Heute tut es mir nicht leid, daß ich Nikolaj nicht gefunden habe; weiß Gott, hätte ich ihn gesehen, wäre womöglich jenes Bild zerronnen, das meine Phantasie mir jetzt zeichnet. Dieser sympathische, poetische Mensch, der nachts hinausging, um Hieronymus etwas zuzurufen, der Blumen, Sterne und die Strahlen der Sonne über seine Akafiste ausstreute, der unverstanden und einsam war – ihn stelle ich mir scheu und blaß vor, mit weichen, demütigen und traurigen Gesichtszügen. Aus seinen Augen müßte neben Verstand auch Zärtlichkeit leuchten und jene kindliche, kaum zu zügelnde

Begeisterung, die ich in Hieronymus' Stimme hörte, als er mir die Zitate aus den Akafisten vortrug.

Als wir nach dem Gottesdienst die Kirche verließen, war es schon nicht mehr Nacht. Der Morgen brach an. Die Sterne waren erloschen, der Himmel zeigte sich graublau und düster. Die Eisenplatten, die Grabmäler und die Knospen an den Bäumen waren mit Tau überzogen. Eine herbe Frische lag in der Luft. Jenseits der Einfriedung herrschte nicht mehr jenes rege Treiben, das ich nachts wahrgenommen hatte. Pferde und Menschen wirkten erschöpft und schläfrig, sie rührten sich kaum, und von den Teerfässern waren nur kleine Häufchen schwarzer Asche übrig geblieben. Wenn der Mensch erschöpft ist und schlafen möchte, meint er, der Natur ergehe es genauso. Mir schien, als schliefen die Bäume und das frische Gras; als läuteten selbst die Glocken nicht so laut und fröhlich wie in der Nacht. Die Unruhe war vorüber, und von der Erregung war nur wohlige Ermattung geblieben, das Verlangen nach Wärme und Schlaf.

Jetzt konnte ich den Fluß und beide Ufer sehen. Über ihn zog, sich hier und da zusammenballend, leichter Nebel. Vom Wasser wehte es kalt und rauh. Als ich auf die Fähre sprang, standen schon etwa zwei Dutzend Männer und Frauen und ein Kalesche darauf. Das Tau, das feucht und, wie mir schien, ebenfalls schläfrig war, spannte sich über den breiten Fluß und verschwand stellenweise im weißen Nebel.

„Christus ist auferstanden! Sonst niemand da?" fragte eine leise Stimme.

Ich erkannte die Stimme von Hieronymus. Jetzt hinderte mich die nächtliche Finsternis nicht mehr, mir den Mönch genau anzusehen. Es war ein hochgewachsener, schmalschultriger Mann, ungefähr 35 Jahre alt, mit großflächigem, rundlichem Gesicht, halb geschlossenen, träge blickenden Augen und einem ungekämmten, keilförmigen Bart. Er sah überaus traurig und erschöpft aus.

„Hat man Sie noch immer nicht abgelöst?" fragte ich erstaunt.

„Mich?" fragte er zurück, wandte mir sein verfrorenes taubedecktes Gesicht zu und lächelte. „Jetzt denkt keiner mehr an Ablösung, bis es Tag ist. Alle gehen nun zum Vater Archimandrit, das Auferstehungsmahl einnehmen."

Er und noch ein Bäuerlein mit einer fuchsroten Pelzmütze, die aussah wie jene Lindenholztöpfe, in denen Honig verkauft wird, legten sich ins Tau, ächzten einträchtig, und die Fähre setzte sich in Bewegung.

Wir fuhren ab und störten unterwegs den träge steigenden Nebel auf. Alle schwiegen. Hieronymus bediente mechanisch mit einer Hand die Fähre. Lange ließ er seine sanften, glanzlosen Augen über uns gleiten, dann blieb sein Blick auf dem rosigen Gesicht einer jungen Kaufmannsfrau mit schwarzen Brauen haften, die neben mir auf der Fähre stand und im Nebel, der sie umfing, schweigend fröstelte. Während der ganzen Überfahrt wandte Hieronymus kein Auge von ihrem Gesicht.

In diesem langanhaltenden Blick lag wenig Männliches. Ich glaube, im Gesicht der Frau suchte Hieronymus die weichen und liebevollen Züge seines entschlafenen Freundes.

Übersetzung: Rosemarie Reichert

Leonid Andrejew
Bergamott und Garaska

Es wäre ungerecht zu behaupten, daß Iwan Akindinytsch Bergamotow – im Dienst hieß er „Wachtmeister Numero 20", außer Dienst einfach „Bergamott" – von der Natur benachteiligt war. Die Vorstadtbewohner der Gouvernementsstadt Orjol, die sich ihrerseits Puschkari, das heißt Kanoniere, nannten (sie wohnten nämlich in der Puschkarnaja-Straße, also in der Kanonierstraße) und deren geistiger Zustand mit dem Spruch „Kanoniere – Schädel wie die Stiere" umschrieben wurde, hatten ganz gewiß nicht die Eigenheiten einer so zarten und empfindlichen Frucht wie der Bergamotte im Sinn, als sie Iwan Akindinytsch diesen Namen gaben. Äußerlich erinnerte Bergamott eher an einen Dinosaurier oder überhaupt an jene gutmütigen, aber ausgestorbenen Wesen, die der beengten Raumverhältnisse wegen schon vor langer Zeit die nun von siechen Menschenwichten bevölkerte Erde verlassen haben. Hochgewachsen, beleibt, kräftig und stimmgewaltig wie er war, machte Bergamott auf polizeilichem Felde eine gute Figur und hätte bestimmt schon längst einen gewissen Rang erreicht, wäre nicht seine Seele, hinter dicken Mauern eingesperrt, in einen bleiernen Dauerschlaf versunken gewesen. Drangen äußere Eindrücke durch Bergamotts kleine, verschwommene Augen bis in seine Seele vor, so verloren sie auf dem Wege dorthin all ihre Schärfe und Stärke und erreichten ihren Bestimmungsort lediglich in Form eines schwachen Echos oder Abglanzes. Menschen mit erhabenen Ansprüchen hätten ihn wohl einen Fleischklumpen genannt, für die Polizeireviervorsteher war er ein – wenn auch zuverlässiger – Holzkopf, und den Puschkari, also den in erster Linie Betroffenen, galt er als würdevoller, ernsthafter und solider Mensch, der jeglicher Achtung und Ehrerbietung wert war. Was Bergamott wußte, das wußte er sicher. Auch wenn es sich dabei um eine Dienstanweisung für städtische Polizeiwachtmeister handelte, die er sich irgendwann einmal unter Anspannung seines gesamten riesenhaften Körpers angeeignet hatte, die sich dafür aber so fest in seinem unbeweglichen Hirn eingenistet hatte, daß selbst starker Wodka sie nicht wegätzen konnte. Nicht weniger fest waren in seiner Seele einige Wahrheiten verankert, die durch Lebenserfahrung gewonnen waren und die in der Vorstadt uneingeschränkt galten. Über das, was er nicht wußte, schwieg sich Bergamott mit einer derart soliden Unerschütterlichkeit aus, daß den Gebildeten ihr Wissen fast ein wenig peinlich wurde. Das wichtigste aber war, daß Bergamott über unermeßliche Körperkräfte verfügte, und Körperkraft war in der Puschkarnaja das A und O. Die Straße beherbergte Schuster, Hanfschwinger, Schneider und Vertreter anderer freier Berufe, es gab zwei Kneipen, saure Wochen und frohe Feste, und jede freie Stunde war von geradezu homerischen Schlägereien ausgefüllt, an denen Frauen, die zerzaust und barhäuptig ihre Männer fortzogen, und Kinder, die das furchtlose Auftreten ihres Papas begeistert verfolgten, unmittelbaren Anteil nahmen. Wie an einem steinernen Bollwerk brach sich diese Sturmwoge von betrunkenen Puschkari an dem unerschütterlichen Bergamott, der sich mit seinen mächtigen Pranken systematisch ein paar der übelsten Schreihälse griff und sie höchstpersönlich „ins Loch" beförderte. Die Schreihälse legten ihr Schicksal ergeben in Bergamotts Hände und protestierten nur der Form halber.

So wirkte Bergamotts Persönlichkeit auf dem Gebiet der auswärtigen Beziehungen. Im innenpolitischen Bereich trat er nicht weniger würdevoll auf. Die kleine, windschiefe Hütte, in der Bergamott mit seiner Frau und zwei Kindern hauste und die seinen massigen Körper nur mit Mühe fassen konnte, die bei seiner kleinsten Bewegung vor Altersschwäche und Sorge um ihren Bestand erbebte – sie konnte beruhigt sein, zwar nicht was ihre hölzernen Pfeiler, aber doch was die Grundpfeiler der häuslichen Gemeinschaft betraf. Bergamott war sparsam und fürsorglich, an freien Tagen werkelte er mit Vorliebe im Gemüsegarten herum; gleichzeitig aber war er streng.

Mittels derselben körperlichen Einflußnahme erzog er auch Frau und Kinder, wobei er sich weniger von deren tatsächlichem Bedarf an Erziehung leiten ließ als vielmehr von den diesbezüglich nicht immer eindeutigen Weisungen, die sich ganz hinten in seinem großen Kopf festgesetzt hatten. Das hinderte seine noch jugendliche und hübsche Frau Marja nicht daran, ihren Mann einerseits als würdevollen und nicht dem Trunk ergebenen Menschen zu respektieren, ihn aber andererseits trotz seiner Leibesfülle mit einer Leichtigkeit und Energie um den Finger zu wickeln, wie sie nur schwache Frauen aufbringen.

Um die zehnte Abendstunde eines warmen Frühlingstages stand Bergamott auf seinem üblichen Posten, Ecke Puschkarnaja und Tretja-Possadskaja-Straße. Er hatte schlechte Laune. Morgen wird Christi Auferstehung gefeiert, gleich gehen die Leute in die Kirche, er aber muß hier Wache schieben bis drei Uhr früh und kommt nicht vor dem Osterschmaus nach Hause. Das Beten war Bergamott kein Bedürfnis, aber die feierliche, frohe Stimmung, welche die ungewöhnlich stille Straße erfüllte, rührte auch ihn an. Der Ort, an dem er jetzt schon ein Dutzend Jahre jeden Tag ruhig stand, behagte ihm nicht: Er wollte auch etwas Feiertägliches tun, wie alle anderen. Ein dunkles Gefühl von Ungeduld und Unzufriedenheit stieg in ihm auf. Außerdem war er hungrig. Seine Frau hatte ihm heute überhaupt kein Mittagessen gegeben, mit Wassersuppe hatte er sich begnügen müssen. Sein großer Bauch verlangte Nahrung, und bis zum Osterschmaus war es noch eine Ewigkeit!

„Puh!" Bergamott spuckte aus; er hatte sich eine

Selbstgedrehte angesteckt und zog unwillig daran. Zu Hause lagen schöne Papirossy, ein Präsent des Krämers an der Ecke, aber die waren zum Ostermahl aufgehoben worden.

Bald zogen auch die Puschkari in die Kirche, sittsam und sauber, angetan mit Jackett und Weste über roten und blauen Wollhemden, in langen Stiefeln mit einer Unmenge von Falten und hohen Blockabsätzen. Morgen würde diese ganze Herrlichkeit teils über die Schanktische der Kneipen wandern, teils bei freundschaftlicher Prügelei um Harmonie in Fetzen gerissen werden. Heute aber strahlten die Puschkari. Jeder trug behutsam sein Bündel mit Pascha und Kulitsch. Keiner beachtete Bergamott, und auch er betrachtete seine „Schützlinge" ohne besonderes Wohlgefallen, dafür aber mit einer dumpfen Vorahnung, wie viele Reisen auf die Wache ihm am nächsten Tag bevorstanden. Im Grunde war er neidisch: die hatten frei und konnten dorthin gehen, wo es hell, laut und fröhlich war, und er mußte hier stehen wie bestellt und nicht abgeholt.

„Und das alles wegen euch Saufnasen!" faßte er seine Überlegungen zusammen und spuckte noch einmal aus – ihm war flau im Magen.

Die Straße leerte sich. Das Läuten zur Messe war vorüber. Dann verkündete freudiger, volltönender Glockenklang, so heiter nach dem schwermütigen Fastengeläute, der Welt die frohe Botschaft von der Auferstehung des Herrn. Bergamott nahm die Mütze ab und bekreuzigte sich. Bald konnte er nach Hause. Seine Stimmung hob sich, als er an den mit einem sauberen Tuch gedeckten Tisch dachte, an den Kulitsch und die Eier. Er wird ohne Hast mit allen den Osterkuß tauschen. Wanjuschka wird geweckt und zu ihm gebracht, und als erstes wird er sein gefärbtes Ei haben wollen, über das er die ganze Woche mit der erfahreneren Schwester eingehende Gespräche geführt hat. Wird der Augen machen, wenn der Vater ihm kein mit Fuchsin gefärbtes Ei überreicht, das immer gleich abfärbt, sondern eines aus echtem Marmor, das ihm derselbe beflissene Krämer hat zukommen lassen!

Bergamott spürte, daß sich im Grunde seines Herzens so etwas wie ein zärtliches Vatergefühl regte. ‚Ein drolliges Kerlchen‘, dachte er schmunzelnd.

Da aber wurde Bergamotts Festtagsstimmung auf die niederträchtigste Weise gestört. Um die Ecke hörte man unsichere Schritte und heiseres Gebrabbel. ‚Wer zum Teufel treibt sich da herum?‘ dachte Bergamott, schaute um die Ecke und fühlte sich in tiefster Seele verletzt. Garaska! Er selbst in höchsteigener betrunkener Person – der hatte ihm gerade noch gefehlt! Wo er es fertiggebracht hatte, sich schon vor Sonnenaufgang vollaufen zu lassen, blieb sein Geheimnis, aber daß er sich hatte vollaufen lassen, unterlag keinem Zweifel. Jedem Außenstehenden wäre sein Benehmen mysteriös erschienen, für Bergamott aber, der die Seele der Puschkari im allgemeinen und den niederträchtigen Charakter Garaskas im besonderen studiert hatte, war es vollkommen klar. Eine unüberwindliche Kraft zog Garaska von der Straßenmitte weg, wo er sonst immer ging, und drückte ihn gegen eine Mauer. Er stützte sich mit beiden Händen an die Wand, warf ihr konzentrierte, fragende Blicke zu und suchte schwankend, seine Kräfte für einen erneuten Kampf mit den unerwarteten Hindernissen zu sammeln. Nach kurzem, angestrengtem Nachdenken stieß er sich energisch von der Mauer ab, schob sich im Rückwärtsgang bis zur Straßenmitte und strebte nach einer entschlossenen Kehrtwendung fort in den Raum, der sich beileibe nicht als so unendlich erwies, wie man ihm nachsagt, sondern in Wirklichkeit von lauter Straßenlaternen begrenzt war. Mit der ersten ging Garaska auch gleich eine innige Verbindung ein, indem er sie fest und freundschaftlich in die Arme schloß.

„Laterne. Brrr!" stellte Garaska kurz und bündig fest. Entgegen seiner sonstigen Gewohnheit war er äußerst gutmütig gestimmt. Statt den Laternenpfahl mit einer Flut wohlverdienter Schimpfworte zu überschütten, bedachte er ihn mit milden Vorwürfen, die einen leicht vertraulichen Anstrich hatten.

„Bleib stehen, du Luder, wo willst du hin?" murmelte er, wobei er sich von dem Pfahl abstieß, von neuem mit der Brust auf ihn prallte und sich an der feuchtkalten Oberfläche fast die Nase eingeschlagen hätte. „Na, na!" Garaska war schon halb am Laternenpfahl hinuntergerutscht, konnte sich aber noch festhalten und versank in tiefes Nachdenken.

Bergamott betrachtete Garaska von der Höhe seiner Körpergröße und verzog abschätzig den Mund. Niemand in der ganzen Puschkarnaja war ihm ein solches Ärgernis wie dieser Trunkenbold. Sieht aus, als könnte ihn das kleinste Lüftchen umpusten, dabei ist er der größte Radaubruder in der ganzen Vorstadt. Kein Mensch, eine Pestbeule! Der gewöhnliche

Puschkar läßt sich vollaufen, krakeelt, verbringt die Nacht auf der Wache – aber alles mit Anstand; Garaska jedoch ist heimtückisch, spuckt Gift und Galle. Halbtot geprügelt haben sie ihn schon, auf der Wache hungern lassen, aber nichts kann ihm das Fluchen austreiben, das unflätigste und lästerlichste, das man je gehört hat. Der stellt sich bei einer hochgeachteten Persönlichkeit auf der Puschkarnaja unters Fenster und fängt ohne jeden Grund an zu fluchen, mir nichts, dir nichts. Ladengehilfen fangen Garaska ein, prügeln ihn durch – und die Menge johlt und feuert sie noch an. Bergamott selbst ist von Garaska schon so phantastisch direkt beschimpft worden, daß er, obwohl er noch nicht mal alle Spitzen von Garaskas Tiraden verstand, sich schlimmer beleidigt fühlte, als wenn er eine Tracht Prügel eingesteckt hätte.

Wie Garaska seinen Lebensunterhalt verdiente, blieb für die Puschkari eines jener Geheimnisse, von denen sein gesamtes Dasein umgeben war. Keiner hatte ihn je nüchtern gesehen, noch nicht einmal jene legendäre Kinderfrau, die die Kinder fallen läßt, woraufhin sie im späteren Leben von ständigem Alkoholdunst umnebelt sind – Garaska stank schon nach Fusel, bevor er gefallen war. Er lebte, das heißt nächtigte, in Gemüsegärten, am Ufer, im Gebüsch. Im Winter verschwand er, aber mit dem ersten Frühlingshauch war er wieder da. Was ihn in die Puschkarnaja zog, wo man ihn höchstens mal aus Faulheit ohne Prügel davonkommen ließ, auch das war ein Geheimnis von Garaskas unergründlicher Seele; vertreiben ließ er sich jedenfalls nicht. Man nahm an, und das wohl zu Recht, daß Garaska lange Finger machte, aber er ließ sich nie erwischen, und so verprügelte man ihn nur aufgrund von Indizien.

Diesmal hatte Garaska offensichtlich einen schweren Weg hinter sich. Die Lumpen, die den Anschein erwecken wollten, als bedeckten sie seinen hageren Körper, starrten vor Schmutz, der noch nicht ganz getrocknet war. Seine Physiognomie war von einer roten Hängenase beherrscht – zweifellos mit ein Grund für seinen unsteten Lebenswandel. Das spärlich und ungleichmäßig behaarte Gesicht wies handfeste Spuren einer handfesten Beziehung zum Alkohol und zu den Fäusten seiner Nächsten auf, und direkt unter dem Auge war eine Schramme offenbar neueren Datums zu sehen.

Als er es endlich geschafft hatte, sich von dem Laternenpfahl zu trennen, gewahrte er die in majestätisches Schweigen gehüllte Gestalt Bergamotts. Garaska freute sich.

„Meine Verehrung, Bergamott Bergamottytsch! Was macht die werte Gesundheit?" Er winkte galant, stemmte sich aber, da er ins Schwanken geriet, für alle Fälle mit dem Rücken gegen den Laternenpfahl.

„Wo gehst du hin?" ließ sich Bergamott düster vernehmen.

„Immer der Nase nach ..."

„Klauen? Willst wohl auf die Wache? Gleich bring ich dich hin, du Schurke."

„Das dürfen Sie nicht."

Garaska wollte mit einer Geste seinem Schneid Ausdruck geben, hielt sich aber wohlweislich zurück, spuckte aus und scharrte mit dem Fuß, als wollte er seine Spucke verreiben.

„Das kannst du auf der Wache erzählen! Marsch!" Bergamott streckte seine mächtige Pranke nach Garaskas Kragen aus, der speckig war – so speckig und zerrissen, daß Bergamott offenbar nicht der erste war, der Garaska auf den dornenvollen Pfad der Tugend zurückführen wollte.

Er schüttelte den Betrunkenen leicht, gab dessen Körper die nötige Ausrichtung sowie eine gewisse Stabilität und zog ihn dann auf das erwähnte Ziel zu. Das sah ganz so aus, als ob ein mächtiger Schlepper einen leichten Schoner ziehe, der unmittelbar vor dem Hafen eine Havarie erlitten hat. Er fühlte sich zutiefst gekränkt: statt seine wohlverdiente Feiertagsruhe zu genießen, mußte er diesen Saufaus auf die Wache schleppen. Donnerwetter noch mal! Bergamott juckte es in den Fingern, aber er sah ein, daß es an solch einem hohen Tage nicht ganz schicklich wäre, diesem Jucken nachzugeben. Garaska schritt tapfer aus, wobei er eine erstaunliche Mischung von Selbstbewußtsein, ja sogar Verwegenheit, und Sanftmut an den Tag legte. Er hatte offensichtlich eine Idee im Kopf, die er auf sokratischem Wege anging:

„Sag doch, Herr Wachtmeister, was haben wir heute für einen Tag?"

„Sei du bloß still!" erwiderte Bergamott verächtlich. „Sich vor Sonnenaufgang vollaufen lassen!"

„Und die Glocken von der Erzengel-Michael-Kirche haben schon geläutet?"

„Ja. Und?"

„Also ist Christus auferstanden?"

„Ja, er ist auferstanden."

„Dann erlauben Sie ..." Garaska, der dieses Gespräch halb von Bergamott abgewandt geführt hatte, drehte ihm entschlossen das Gesicht zu.

Bergamott, durch Garaskas seltsame Fragen neugierig geworden, ließ automatisch dessen speckigen Kragen los; Garaska, seines festen Halts beraubt, wankte und fiel hin, bevor er Bergamott zeigen konnte, was er soeben aus der Tasche gezogen hatte. Auf die Arme gestützt, nur den Rumpf erhoben, schaute Garaska nach unten – dann fiel er mit dem Gesicht auf die Erde und heulte los wie ein Klageweib.

Garaska heult! Bergamott staunte. ‚Da hat er sich wohl was Neues einfallen lassen', entschied er, war aber trotzdem gespannt, wie es weitergehen würde. Es ging so weiter, daß Garaska nicht aufhörte, ohne Worte, wie ein Hund zu heulen.

„Was ist, bist du übergeschnappt?" Bergamott stieß ihn mit dem Fuß an.

Garaska heulte. Bergamott dachte nach.

„Was hast du eigentlich?"

„Das Ei-iii ..."

Garaska heulte noch immer, jetzt aber schon leiser, setzte sich auf und streckte die Hand hoch. Die Hand war mit Schleim bedeckt, in dem Stückchen farbiger Eierschale klebten. Bergamott begriff noch immer nichts, spürte aber langsam, daß da etwas Übles passiert war.

„Ich wollte ... mit Anstand ... den Ostergruß ... das Ei ... und du ..." sprudelte Garaska zusammenhanglos hervor, aber Bergamott hatte verstanden. Das also hatte Garaska im Sinn gehabt: den Ostergruß tauschen, wie unter Christen üblich, sogar ein Ei hatte er mit, und da will er, Bergamott, ihn auf die Wache schleppen. Vielleicht hat er das Ei von weither gebracht, und jetzt ist es kaputt. Und er weint.

Bergamott stellte sich vor, das Marmor-Ei, das er für Wanjuschka aufbewahrt hatte, wäre zerbrochen – und wie leid ihm, Bergamott, das täte!

„Schöne Geschichte." Bergamott schüttelte den Kopf, schaute den am Boden liegenden Trunkenbold an und empfand Mitleid mit diesem Menschen wie mit einem leiblichen Bruder – ihm war, als hätte er soeben diesen Bruder tödlich beleidigt.

„Den Ostergruß wollte er tauschen ... auch eine lebendige Seele", murmelte der Wachtmeister, wobei er sich in seiner unbeholfenen Art bemühte, Klarheit zu gewinnen über den Stand der Dinge und über das komplizierte Gefühl von Scham und Mitleid, das ihn immer stärker bedrückte. „Und ich ... ab auf die Wache! Schöner Mist!"

Ächzend und mit seinem „Bratspieß" auf das Pflaster stoßend, hockte sich Bergamott neben Garaska.

„Na ...", brummte er verlegen, „vielleicht ist es noch heil?"

„Heil! Du schlägst einem ja glatt die ganze Fresse ein. Unmensch!"

„Aber was hast du denn?"

„Was?" äffte Garaska ihn nach. „Da will ich ihm ... mit Anstand ... und der, auf die Wache. Vielleicht war das mein letztes Ei? Trottel!"

Bergamott schnaufte. Garaskas Beschimpfungen verletzten ihn überhaupt nicht; sein simples Gemüt war halb von Mitleid, halb von Gewissensbissen erfüllt. Tief im Innern seines klobigen Körpers saß etwas, das hartnäckig an ihm nagte und ihn quälte.

„Aber euch muß man doch schlagen?" fragte er halb sich selbst, halb Garaska.

„Begreif doch, du Vogelscheuche..." Garaska kam offensichtlich wieder in sein gewohntes Fahrwasser. In seinem etwas klarer gewordenen Gehirn zeichneten sich ganze Kolonnen der verlockendsten Flüche und Schimpfnamen ab, als Bergamott angespannt schnaufte und mit einer Stimme, die nicht den leisesten Zweifel an der Unerschütterlichkeit seines Entschlusses aufkommen ließ, erklärte:

„Gehen wir zu mir, zum Auferstehungsmahl."

„Dir pfeif' ich was, du fettwanstiger Satan!"

„Gehn wir, sag ich!"

Garaskas Verwunderung war grenzenlos. Vollkommen passiv ließ er sich hochziehen und ging, von Bergamott am Arm geführt, ging – und wohin? Nicht etwa auf die Wache, sondern nach Hause zu ebendiesem Bergamott höchstpersönlich, um dortselbst... das Auferstehungsmahl zu feiern? Ein verlockender Gedanke blitzte in Garaskas Hirn auf: sich von Bergamott losreißen und Fersengeld geben; aber wenn sich sein Kopf auch durch das Ungewöhnliche der Situation geklärt hatte, so waren seine Fersen doch in einem äußerst schlechten Zustand, als seien sie dazu verdammt, sich ewig zu verheddern und sich gegenseitig im Wege zu sein. Außerdem war Bergamott so wunderlich, daß Garaska eigentlich gar nicht weglaufen wollte. Mit schwerer Zunge, nach Worten suchend und sich verhaspelnd, legte ihm Bergamott die Dienstanweisung für Wachtmeister aus, zwischendurch kam er auf die grundsätzliche Frage des Prügelns und der Wache zurück, die er im positiven, gleichzeitig aber auch im negativen Sinn entschied.

„Recht haben Sie, Iwan Akindinytsch, man muß uns schlagen", pflichtete ihm Garaska bei. Ganz geheuer war ihm dabei allerdings nicht: Bergamott war doch gar zu wunderlich!

„Aber nein, das sag ich ja gar nicht ...", stammelte Bergamott, der augenscheinlich noch weniger als Garaska begriff, was mit seiner bleiernen Zunge los war.

Endlich kamen sie zu Hause an – Garaska wunderte sich schon über gar nichts mehr. Marja riß zuerst erstaunt die Augen auf, als sie das ungewöhnliche Paar erblickte – aber das verstörte Gesicht ihres Mannes ließ sie erraten, daß Widerspruch zwecklos war, und ihre weibliche Mildherzigkeit sagte ihr schnell, was zu tun sei.

Und da sitzt nun also Garaska, verdutzt, aber ruhig geworden, an dem geschmückten Tisch. Vor lauter Scham möchte er am liebsten im Boden versinken. Er schämt sich seiner Lumpen, seiner schmutzigen Hände, schämt sich seiner selbst – abgerissen, betrunken und erbärmlich, wie er da sitzt. Er verbrennt sich den Mund an der teuflisch heißen Kohlsuppe, auf der das Fett schwimmt; er bekleckert das Tischtuch, und obwohl die Hausfrau feinfühlig so tut, als bemerke sie es nicht, macht ihn das so verlegen, daß er noch mehr kleckert – so unerträglich zittern die schwieligen Finger mit den langen, schmutzigen Fingernägeln, die Garaska jetzt zum ersten Mal an sich wahrnimmt.

„Iwan Akindinytsch, was ist denn mit der Überraschung ... für Wanjuschka?" fragte Marja.

„Nicht jetzt, später", antwortet Bergamott hastig. Er verbrennt sich an der Kohlsuppe, bläst auf den Löffel und wischt sich gravitätisch den Schnurrbart – aber dieses gravitätische Gebaren läßt dieselbe Verwunderung ahnen wie bei Garaska.

„Greifen Sie zu, greifen Sie zu", ermuntert Marja.
„Gerassim ... wie heißen Sie mit Vatersnamen?"
„Andrejitsch."
„Greifen Sie zu, Gerassim Andrejitsch."

Garaska versucht zu schlucken, würgt, wirft den Löffel hin und fällt mit dem Kopf auf den Tisch, direkt auf den Fettfleck, den er eben selber produziert hat. Wieder entfährt seiner Brust jenes hemmungslose, jämmerliche Geheul, das Bergamott so verstört hat. Die Kinder, die den Gast schon gar nicht mehr beachtet haben, werfen die Löffel hin, und ihre hohen Stimmen fallen in seinen Tenor ein. Bergamott schaut seine Frau hilflos und verwirrt an.

„Aber, was haben Sie denn, Gerassim Andrejitsch! Nicht doch", versucht diese, den erregten Gast zu beruhigen.

„Beim Vatersnamen ... Seit ich auf der Welt bin, hat mich noch nie einer beim Vatersnamen genannt."

Übersetzung: Gertraude Krueger

Iwan Bunin
Der letzte Frühling

Die sechste Woche der Fasten, und immer noch tiefster Winter.

Ich stand um fünf Uhr auf, zog mich an und trat vors Haus. Welche Freude, Jungsein, diese Stunde vor der Morgendämmerung! Die Filzstiefel, der Halbpelz – ein einziges Glück! Noch ist Nacht, finstere, schneeträchtige Nacht. Am dunklen Himmel ist die Dämmerung nur zu ahnen. Dieses erste süße Einatmen der Frische beim Hinausgehen auf die Vortreppe! Es riecht nach Neuschnee. Im ganzen Dorf krähen die Hähne wie mechanisch.

Nach dem Essen hatte ich eine Fahrt nach Snamenskoje unternommen. Der Schlitten, hinten abgerundet und mit Strohbündeln ausgelegt, davor der kräftige scheckige Wallach, der das Milzkollern hatte.

Die Felder waren sehr weiß, das Weiß verschmolz mit dem bleichgrauen Himmel, tauchte alles in lähmende Starre. Die Ferne trübte sich, verschwamm. Dunkel standen die rauhreifüberzogenen Wälder.

Nach Snamenskoje kamen wir über die Hinterhöfe. Öde und leer war es, alles eingeschneit, gewaltige Buckel und Schneewehen zwischen den Hütten und Schuppen. Wir hatten uns verfahren, wußten nicht, wie zurückfahren. Und es ging schon auf den Abend zu, wurde kälter, die Wälder in der Ferne schimmerten noch frostiger, und unserem Wallach wuchs ein Reiffell. Schließlich kam hinter einer Verwehung, aus der kleinen schwarzen Tür einer im Schnee versunkenen Hütte, ein Bauer hervor und ging, ohne mit seinen abgetragenen Filzstiefeln einzusinken, über die Schneewehen auf uns zu. Ein schmaler rötlicher Bart, eine feine wächserne Nase, ein leichter Bauernrock und eine nußbraune Kappe (aus Pferdefell). Er kam heran, musterte mit seinen flinken Augen erst einmal aufmerksam das Pferd, den Schlitten, uns, dann sagte er ohne Eile zu mir: „Da bist du aber falsch hier, guter Herr. Hier gibt's keinen Weg. Der amtliche Weg ist dort. Fahr mir nach." Und er führte das Pferd und zog uns von Schneewehe zu Schneewehe.

Abends gingen wir nach Prilepy, auf das von mehreren Bauernfamilien gepachtete Herrengut. Lichter gab es im Dorf bereits nicht mehr, nur in zwei, drei Häusern noch schläfrige, abgeblendete Lampen. Frostige Luft, duftend.

Auf dem Gut brannte nur bei Sergej Klimow noch Licht. Düster ragten hohe Bäume über der Hütte in den dunklen Himmel. Hunde stellten uns mit heiserem Gebell. Da klappte eine Tür, und Fedka kam heraus.

„Ihr schlaft noch nicht?"
„Wo denkt ihr hin!"
„Wir wollen nämlich zu Tichon Iljitsch."
„Bitte, kommt rein."

Im Haus hing schwerer, warmer Gestank, Dampf von den nassen Lumpen im Waschbottich, unter den Füßen schmatzte das nasse, schmutzige Stroh. An den Wandbalken dampfüberzogene Bilderbögen. Über den Ofenrand schauten die kleinen Jungen. Tichon Iljitschs Schwiegertochter wusch die Wäsche im Trog, die Enkelin, ein fünfzehnjähriges Mädchen, wollte gerade schlafen gehen und band das Kopftuch fester; sie stand da im bloßen, ungebleichten Hemd. Und Tichon Iljitsch selbst saß gebeugt auf dem Ofen, stützte sich mit den Händen auf und ließ die erschreckenden, stockdünnen Beine in den alten Hosen über der Ofenbank baumeln, wo die anderen Jungen schliefen. Ein blasses, aufgedunsenes Gesicht, der Bart schlaff herabhängend, die Augen in wäßrigem Glanz. Er fing vom Tod an, behauptete, daß er jeden Augenblick sterben werde, und daß er sich überhaupt nicht fürchte.

Wir sprachen vom Krieg, Fedka und seine Frau begannen vom Leben im Ausland zu schwärmen, von dem die Gefangenen erzählen. Also zum Beispiel, wie man in der Schule lernt – bei uns, und bei den Deutschen ... Bei uns sind alles Lehrerinnen, und denen gehorcht ja keiner – und was können die auch schon wissen?

Tichon Iljitsch hörte zu, den Kopf geneigt, und meinte dann: „Alles Geschwätz. Sollen sie doch Krieg führen. Haben schon immer Krieg geführt, werden auch wieder Krieg führen. Und das Lernen – wozu überhaupt! Aber wißt ihr, sterben, während der Großen Fasten, vor allem in der Karwoche, oder am allerbesten am Ostersonntag – eine solche Freude vergönnt der Herrgott nicht jedem."

II

Grau ist es und kalt.

Ich ging den Weg hinter dem Dorf, an den Hinterhöfen vorbei. Bei den Weidenbäumen stand Motka, mißmutig, unzufrieden, das Gewehr in der Hand – er hatte Dohlen geschossen in den Weiden. Zwei hatte er auf der Stelle getötet, sie lagen unbeweglich auf dem grauen Schnee zu seinen Füßen, die dritte saß ein wenig weiter entfernt, duckte sich an den Boden, spreizte den durchschossenen Flügel und blickte aus glänzenden, schillernden Augen.

„Wozu tötest du sie?"

Ein kurzes trübes Lächeln.

„Ich übe. In den Krieg will ich mich melden."

„Warum?"

„Was soll ich denn hier sitzen?"

„Und du hast keine Angst, daß sie dich töten im Krieg?"

„Und wenn, sollen sie doch. Von uns Jungen sind sowieso nicht viele übriggeblieben. Und ich selbst werde noch einige umbringen, bis sie mich töten."

III

Nein, es ist doch schon Frühling.

Heute sind wir wieder ausgefahren. Und schwiegen den ganzen Weg – Nebel, Frühjahrsschläfrigkeit. Die Sonne schien nicht, aber hinter dem Nebel war schon viel Frühlingslicht, und die Felder waren so weiß, daß man kaum hinschauen konnte. In der Ferne zeichneten sich schwach die violetten dichten Wälder ab.

In der Nähe des Dorfs kreuzte ein Kerl mit gelber kalbslederner Jacke und einem Gewehr unseren Weg. Ein Fallensteller, äußerst menschenscheu. Er schaute zu uns her, ohne zu grüßen, und ging geradewegs über den Schnee zum dunklen Wald in der Talsenke. Das Gewehr war kurz, mit abgeschnittenem Lauf und selbstgemachtem, mennigegestrichenen Schaft. Hinter ihm lief teilnahmslos ein großer Hofhund.

Selbst die Wermutsträucher, die den Weg entlang aus dem Schnee ragten, waren von Reif überzogen, aber es ist Frühling, Frühling. Selig schlummernd sitzen auf den schneebedeckten, übers Feld verstreuten Dunghaufen Habichte, verschmelzen sanft mit Schnee und Nebel, mit all dem Dichten, Weichen und Lichtweißen, wovon die glückliche Vorfrühlingswelt so voll ist.

IV

Leichter Frost, die Sonne wärmt schon ein wenig.

Am Fluß neben den überfrorenen Eislöchern Bäuerinnen, bei ihnen Katka. Bastschuhe, unter der Wattejacke die runden Brüste. Sie ist lieb, lächelt uns zu. Sie und die anderen Bäuerinnen necken: „Da sieht man's, die tun nichts, laufen nur herum! Nicht mal in den Krieg holt man sie!"

Oben, beim Dreschplatz des Herrenguts, wärmt sich ein rotbunter Stier in der Sonne. Er steht gegen den Himmel, und ich beobachte lange, welch satte blau-violette Farbe er dem Himmel verleiht. Schön sind auch die alten dunkelgrünen Tannen am Gartenhang.

Abends nach Polewoje. Von Wysselki gingen wir zu Fuß, führten den Wallach am Zügel, denn wir hatten beschlossen, unversehrt zum Gutshof zu gelangen. Man konnte weit sehen. Im Westen war die Sonne gerade erst in feurigen Wolken untergegangen, die Wolken verloschen schnell, wurden dunkel; im Osten erstarb der Himmel, wurde immer kompakter, grauer, und der Schnee konturenloser, bleichgrün schimmernd.

Als wir uns dem Gutshaus näherten, war es schon Abend, der Schnee und die weißen Mützen der Dächer traten deutlich im letzten Schein des Abendlichts hervor.

Im Haus war es dunkel, der Ofen in der Diele brannte, leuchtete rot. Die Melancholie eines Winterabends, des Schnees, der Öde und Einsamkeit ... Wir tranken Tee, der Hausherr sagte: Bis Ostern erwarte das Volk „unbedingt" den Frieden.

Als wir gingen, war draußen helle Mondnacht. Ein leuchtender Halbmond, die geraden Schatten der nackten Bäume, dazwischen auf dem Schnee das Funkeln von Edelsteinen; ein Schatten vom Rauch aus dem Schornstein des Hauses. Hinter dem Garten im lichten weiten Feld ein einsamer gefrorener Heuhaufen.

V

Montag der Karwoche.

Alles ist naß, überall taut es, überall laufen Bäche. Überall, wo es huckelig ist im Dorf, kommt die nackte Erde hervor, bleigraue Wasserlachen bilden sich auf dem Fluß, die Felder in der Ferne haben Trauer, sind gescheckt, dunkle Stellen erscheinen – schwarze Inseln im weißen Schneemeer.

Mit großer Mühe gingen wir die Straße entlang – bei dem Matsch war kein Vorankommen. Ein feuchter Frühlingswind blies kräftig durch die nackten Weiden, auf denen die zurückgekehrten Saatkrähen unaufhörlich schrien – sie schrien bedeutungsvoll, triumphierend, und zugleich fröhlich und in wirrem Durcheinander. Ein mit nichts zu vergleichendes Gefühl – hört man sie das erste Mal nach sechs Monaten Wintertod!

Wir schauten bei den Paltschikows vorbei. Der Alte saß auf der Bank und flocht Schuhe aus alten Schnüren. Ein friedliches, sanftmütiges, freundliches Gesicht.

„Wünsch euch Wohlergehen, gute Herren."

Die blauäugige Anjutka mit den sich rundenden Brüsten unter dem Leinenhemd arbeitete mit der Mutter am Webstuhl. Maschka saß auf der Bank am Fenster und spann. Auf dem Boden, dem feuchten und schmutzigen Stroh, ein paar Schafe mit eben frisch geworfenen, lockigen und gleichsam abgeschleckten Lämmern. Beim Ofen, hinter einem Trog mit Brotteig, der mit einem alten Armjak zugedeckt war, lagen zwei rosa Ferkel, den Bauch wohlig ausgestreckt.

Maschka schielte zum Alten hinüber. „Du solltest deine guten Herren besser fragen, wann der Krieg zu Ende ist!"

„Erst wenn sie alles Volk umgebracht haben, dann ist er zu Ende", gab ihr die Mutter kalt und böse vom Webstuhl her zur Antwort. „Wenn wir alle Hungers sterben."

„Ach, ihr Weiber", sagte ich, „solltet euch was schämen, so zu reden! Wer von euch stirbt denn? Seit Menschengedenken ist es euch noch nie so gut gegangen. Wieviel Geld hat jetzt jeder Hof? Hühner sind im ganzen Dorf um keinen Preis mehr zu haben, die eßt ihr ganz alleine. Von eurem Hof schon gar nicht zu reden. Na, sagt schon, wieviel Stück Vieh habt ihr jetzt?"

Die Frauen gaben keine Antwort.

Da kam die Alte herein, auch ganz durchnäßt, in zerschlissenen Bastschuhen und einer Bauernjacke. Und sah uns auch mißtrauisch an.

„Du bist ja ganz durchnäßt, Alte, was läufst du denn so herum?" sagte ich. „Dabei behauptest du, du seist krank."

„Ja was, stimmt's vielleicht nicht? Und ob ich krank bin! Kann jeden Moment krepieren."

„Und läufst ganz durchnäßt herum! Und deine Bastschlappen! Weshalb kaufst du keine festen Schuhe?"

„Kaufen! Kaufen will er eine Kuh, hat er bloß kein Geld dazu! Mein Lebtag hab ich die noch nicht gehabt, deine festen Schuhe! Nicht mal zur Hochzeit. Du hast's gut, du hast ja alles."

„Ich? Überhaupt nichts hab ich. Den Kopf auf den Schultern, sonst nichts!"

„Den Kopf! Und auf dem Kopf, was ist denn das? Eine Mütze, und was für eine! Wie willst du dich erkälten! Läufst herum, gehst spazieren ... Trinkst Tee und vertreibst dir die Zeit! Was hast du denn schon für Arbeit! Schüttel bloß nicht den Kopf. Stimmt's vielleicht nicht, was ich sage?"

„Natürlich nicht."

„Komm, komm, sei still. Aber ich, kaum ist man auf, gibt's Arbeit zuhauf. Man rennt und macht den ganzen Tag, kommt ins Schwitzen ..."

Und die graublauen Augen füllten sich mit Tränen, röteten sich. Ich nahm sie zum Scherz in den Arm, gab ihr einen Kuß auf die Stirn. Mit Mühe brachte sie ein strenges Lächeln zustande, warf mir dann aber einen freundlichen Blick zu, wandte sich ab und ging zum Ofen.

Während wir nach Hause gingen, schlug das Wetter um. Ein rosiger, strahlender Abend. Im Haus herrschte Stille, die Diensboten waren alle in die Kirche gegangen. Lang saß ich im Wohnzimmer und sah dem Sonnenuntergang zu, der hinter den schwarzen Fichtenzweigen im Vorgarten besonders leuchtend, rosig schien. Allmählich dann ging dieses Rosarot über in Gold ...

VI

Wir fuhren mit dem großen Bauernschlitten – mit schmalen Eisenkufen war schon kein Durchkommen mehr.

Ein finsterer, trüber Tag. Aber es taute, der Weg war aufgeweicht, nur in der Mitte noch fest, buckelig und braun von zersetztem Pferdemist, unter dem noch Eis war.

In der Nähe von Kresty sank der Wallach bis zum Bauch ein. Mit großer Mühe hoben wir ihn, zogen ihn heraus, blieben noch ein wenig stehen und schauten uns um. Ein gewaltiges, großartig-wildes Bild, diese Felder in voller Trauer unter dem düsteren, langsam in Wolken dahinziehenden Himmel. Starker, frühlingshaft frischer Wind von Westen. Sogar hier ist das Rauschen des Waldes zu hören, der eine halbe Werst von Kresty entfernt düster aufragt. Zwischen dem Wald und uns bleicher Schnee und dunkelblaue Glatzen entblößter Erde. Der Wallach, scheckig, alt, zottig, steht mit gesenktem Kopf auf dem buckeligen Wegstreifen und schaut auf die flaschengrüne Pfütze von Eiswasser, das sich daneben mitten im Schnee angesammelt hat ... Das alte Rußland!

Wir kehrten auf einem anderen Weg heim, über Kasakowka. Bei der Einfahrt ins Dorf halfen wir einem Bauern, dem dasselbe passiert war wie uns: er hatte Pferd und Schlitten in eine tiefe Wagenspur voller Wasser und Schnee hineingefahren. Das graue Pferd saß schief in diesem Matsch, es hatte sich mit den Vorderbeinen herausgearbeitet, zappelte, versuchte Halt zu gewinnen, rutschte aber immer wieder ab, und der Bauer, durch unsere ungebetene Hilfe noch erboster, schlug ihm, ohne uns zu beachten, mit dem Peitschenstiel über den Kopf, aus dem uns Augen ansahen, fast wie die eines Menschen.

„Solltet besser in den Krieg gehen, statt euch hier herumzutreiben und nichts zu schaffen!" Er stieß das leise und erbittert zwischen den Zähnen hervor, während er die Zügel anzog und mit dem Peitschenstiel zuschlug.

Ein sehr dunkler Abend. Vor Dunkelheit, Schmutz und Wasser mag man nicht aus dem Haus. Ich ging über den Hof, von der Vortreppe zur Kutschenremise. Irgendwo schrie klagend ein Uhu.

VII

Gründonnerstag.

Wind, Sonne, gleißendes Licht. Nachts hat es geschneit – jetzt funkelt über dem Schmutz und dem alten grauen Schnee flaumiger Neuschnee. In den Feldern, zum Horizont hin, schimmert es silbrig.

Gegen Abend regnete es.

Wir gingen am Abend nach draußen. Undurchdringliche Finsternis, dichter Nebel, Feuchtigkeit. Im Dorf hinter dem Fluß kein einziges Licht. Dort, wo die Gesindestube ist, ein glitzerndroter Lichtfleck. Am Abhang zum Fluß hin schwarze Nacht, dumpfes, scheinbar weit entferntes Rauschen des Wassers, knackendes, sich regendes Eis. Ganz wie in Tolstojs „Auferstehung". Und dazu begannen auch noch die Hähne zu krähen.

Dann krähten sie immer seltener, musikalischer. Und im Garten, nicht weit – nur war im Nebel nicht auszumachen, wo genau –, begann ein Uhu zu rufen. Erst war es ein Bellen, dann ein Kinderweinen, dann schlug er mit den Flügeln und begann kehlig zu kichern – mit Hingabe und quälender Lust. Wir gingen in die Allee und lauschten. Über uns die Bäume schienen drohend, mächtig, obgleich wir sie eher ahnten als erkennen konnten. Ein ungewöhnlich süßer Duft nach feuchten Stämmen und Ästen, nach Rinde, Knospen und Nebel. Wir kamen zur Gartenhütte, sie war leer, einsam und finster. Wie völlig anders war sie doch im Sommer gewesen, als die Wächter darin gewohnt hatten! Jede leerstehende Behausung bleibt immer etwas Lebendiges, Denkendes, Fühlendes. Der Uhu rief ganz nah, heftig, abscheulich, dann plötzlich begann er wieder zu bellen, verschluckte sich dabei und schlug rasch und geräuschvoll mit den Flügeln. Ich klatschte in die Hände und stieß einen Schrei aus. Da stieg er mit einem Rauschen auf, flog fort und verstummte. Ein wenig später ließ er sich irgendwo im Nachbargarten hören – scheinbar unendlich weit weg ...

VIII

Regen den ganzen Tag.

Manchmal hört es auf, dann fängt der nasse Garten zu leben an, die Amseln singen. In ihren anmutigen, gleichsam scherzhaften Liedern liegt ein solch frühlingshafter Liebreiz, eine solche Süße des Lebens, der Hoffnungen und des Glücks, daß es sich mit Worten nicht ausdrücken läßt.

Ich ging hinaus auf die Vortreppe: Da stand ein alter Bettler ohne Mütze, an der Hand hielt er ein Mädchen in Lumpen, zerfaserten Bastschuhen und einem verschossenen blauen Häubchen.

„Gebt, um Christi willen, guter Herr ... Wir sind Flüchtlinge, aus dem Krieg, von weit!"

Ich gab dem Alten etwas, dann beugte ich mich zu dem Mädchen hinab. „Wie heißt du?" Sie schwieg. „Warum sagst du nichts?" Sie schwieg und schaute mit klaren Augen vor sich hin.

Ich steckte ihr einen Rubel zu. Kräftig, aber noch genauso teilnahmslos schloß sie die Faust darum. Ich richtete mich auf und sagte: „Ach, schlimm, wie wir Menschen leben." Der Bettler wunderte sich. „Weshalb denn schlimm, guter Herr? Was leidet ihr schon Not? Eure Armut, Herr, für unsereins ist das großer Reichtum."

„Ja, nein, das meine ich nicht. Eine Sünde, wie die Menschen leben."

„Ach, lieber Herr, nicht wir haben's begonnen, nicht wir werden's enden ..."

Schon fallen nur noch dicke Tropfen, die Wolken verziehen sich. Von den Bäumen duftet es nach feuchter Rinde, die Amseln singen immer süßere und anmutigere Lieder. Einzelne langsame Glockenschläge. Am Gutshaus gehen auf diese Glockenschläge hin Mädchen und Frauen vorbei.

IX

Ostersamstag.

Großreinemachen im Haus. Die gescheuerten Böden, von denen es warm und feucht riecht, sind mit Pferdedecken ausgelegt. Die Fenster werden geputzt, poliert. Aniska und Natascha, hochgeschürzt, verschwitzt, mit geröteten Gesichtern, sind müdegeschafft und geraten deshalb aneinander. Der gerade zurückgekehrte Student, schon ganz in Moskau zu Hause, fühlt sich fehl am Platz und weiß nicht recht, was tun. Er steht auf der Vortreppe und schaut durch seinen Zwicker aufs Feld. Der Wind weht und trocknet Haus und Garten. Vorfeiertägliche Trauer und Leere ...

Gegen Abend ist alles aufgeräumt, alles sauber, in bester Ordnung. Der Wind legt sich. Ein blankgefegter, strahlend goldener Westhimmel tut sich weit auf. Die Luft ist kühler, es riecht kräftig nach Erde von den Frühjahrsfeldern. Die Sonne kommt noch einmal heraus, ihr pralles Licht liegt über dem kahlen Garten: da glänzen die violetten Äste, und die knorrigen Lindenstämme heben sich deutlich ab.

Lange noch glühte das Abendrot, als die Sonne untergegangen war, und darüber, weiter oben, leuchtete die goldene Venus. Mit der Dämmerung zogen festlich gekleidete Frauen und Männer in Jacke und Stiefeln vom Berg zur Kirche, alle mit weißen Bündeln in der Hand.

Um zehn ging ich zur Wachstube bei der Kirche. Da war es verraucht, eng, der Raum voller Menschen. Unter den Heiligenbildern saß ein Bäuerlein, er hatte einen kleinen Frauenkopf und dichtes schwarzes Haar. Er trug einen schwarzen Armjak, mit einem schwarzen Gürtel gegürtet. Fortwährend blinzelte er, kniff die Augen zusammen und fuhr sich übers Haar. Daneben saß ein Bauer, der Bart ölig und wie onduliert, und auch die Augen glänzten in öligem Blau – er hatte sich von Kopf bis Fuß auf das Fest eingestellt. Dann ein Alter – eine mächtige, bemooste Erscheinung, voll Würde, ein Mensch der alten Zeit. Neben ihm im geblümten Kleid eine große, dürre Frau mit den Augen einer Klapperschlange.

Das Gespräch drehte sich um Verwundete und Flüchtlinge:

„Immer heißt's, für die Verwundeten geben und nochmals geben! Eier sollst du ihnen geben, Leinen – und wir, woher sollen wir's nehmen?"

„Für die Verwundeten?" fragte das Bäuerlein mit zusammengekniffenen Augen, „was denn für Verwundete?"

„Woher sollen wir's nur nehmen? Ich zum Beispiel hab an Land gerade eine Achteldesjatine und bin selber zu siebt."

„Ja, und die Flüchtlinge, woher sollen die's nehmen?" frage der bemooste Alte.

„Die sind reicher als du und ich", meinte das Bäuerlein.

„Dummkopf!"

„Ich ein Dummkopf?" Grinsend, die Augen zusammengekniffen, wiegte er den Kopf.

„Flüchtlinge! Warum denn das, Flüchtlinge? Die haben's daheim zu nichts gebracht, und da kommen sie jetzt hierher gelaufen! Uns haben sie einen geschickt, der hat die ganzen Hühner abgemurkst und aufgefressen."

Dann ging es um den Krieg. Die einen sagten, daß die Unsrigen es schon schaffen würden, die anderen zweifelten.

„Und wenn sie's nicht schaffen?" meinte das Bäuerlein wieder mit boshafter Freude. „Unsere Hammel, die kriegen doch den Feind nicht klein!"

Die anderen schrien ihn nieder. Er schwieg, schüttelte aber immer noch den Kopf.

„Ja, aber wir sind doch nicht allein", sagte der bemooste Alte. „Wenn wir allein wären, aber wo doch England und Frankreich mit uns sind – Gott schenke ihnen Wohlergehen."

Herein kam Bodulja, ein Nichtsnutz, Faulpelz und Liederjan. Er stampfte mit den Bastschuhen.

„Den Unsrigen (den Zaren), den schafft kein einziger! Der wird mit allen Staaten fertig! Keiner schafft ihn, auch der Deutsche nicht, zum Teufel mit dem!"

Mit fröhlicher Genugtuung, hustend, lachte da einer: „Der hat sich ja mit Paris eingelassen, und dann ist er steckengeblieben! Sein ganzes Reich hat er mit Verwundeten vollgestopft!"

Der festtägliche Bauer griff ein: „Sollen sie doch noch die Landgendarmen dahin jagen, an die Front, wo die doch das ganze Geschäft längst kennen! Was sitzen die hier herum!"

Ich ging hinaus auf den Kirchplatz. Es war dunkel, frisch. Der Himmel dunkelblau, märchenhaft von großen weißen Sternen.

In der Dunkelheit sagte jemand selbstsicher: „Nein, das ist doch alles Gefasel. Nichts wird passieren, wenn dieser Krieg aus ist. Wie denn auch? Wenn man den Herren das Land nimmt, muß man es auch dem Zaren nehmen, und das werden sie niemals zulassen."

Jemand erwiderte heftig: „Warte nur ab, auch dem Zaren wird es noch an den Kragen gehn. Was muß er auch für diesen Krieg das Volk ausplündern! Da müssen sie in der Woche nach Ostern schon wieder Rekruten schicken. Das geht doch nicht! Ganz Rußland ist verödet, ist still geworden."

X

Ein Frühlingsabend.

Im Dorf, bei den Nikitins, eine Menge Volkes. Ein Soldat wird verabschiedet. Er trägt neue Stiefel, ein Khakihemd. Steht vor dem Hauseingang mit seiner heulenden und wehklagenden Frau. Er hält sie im Arm, lehnt die Stirn gegen ihre Stirn und schwankt. Ab und zu reißt sich die Frau los und schreit, als ob sie gleich in Krämpfe fiele. Er stiert sie an, stumm, mit verbitterten, finsteren Augen. Die Mutter steht daneben, ganz erstarrt. In der Menge steht der Ofensetzer mit der Pfeife im Mund, die kurzen Beine bequem auseinandergestellt, und sieht sich dieses ganze Bild an, unverhohlene Neugier in den lebhaften, lachenden Augen.

Da kommt der Leiterwagen lärmend hinter dem Haus hervor, rollt bis zum Vorplatz – im Trab ist der alte Vater vorgefahren. Geschäftsmäßig schleppt er die Truhe des Soldaten vom Hauseingang und stellt sie, ohne jemanden anzusehen, in den Wagenkasten aufs Stroh. Der Soldat umarmt rasch und unvermittelt seine Mutter und geht ihm nach, setzt sich neben die Truhe, fängt plötzlich an zu schluchzen und läßt den Kopf auf die Truhe sinken. Hinter ihm klettert die Frau auf den Wagen, fällt hinein und schreit in allen Tonlagen übers ganze Dorf. Der Alte ordnet sorgfältig die Zügel, treibt das Pferd an und springt dann im Fahren von der Seite auf den Wagenrand.

Ein hochaufgeschossener Junge im festlich grünen Hemd, der bei den Mädchen steht, mit der Harmonika in der Hand, und offenbar schon ungeduldig darauf gewartet hat, daß sie abfahren, fängt sogleich laut zu spielen an. Die Mädchen fallen ein und singen Klagelieder. Vorn der Weideplatz beginnt schon weiß zu schimmern – das Mondlicht wird sichtbar, noch vermischt mit dem Abendrot.

Übersetzung: Barbara Conrad

Valentin Katajew
Ostergeschichte
(mit Kulitsch natürlich)

Iwan Iwanowitsch bekreuzigte sich fromm, setzte bedächtig die Brille auf und räusperte sich.

„Liebe Kinder! Zum ersten Tag der heiligen Auferstehung Christi möchte ich euch heute eine große und nützliche Freude bereiten. Sitzt also still und hört gut zu! Ich werde euch die wunderbare Ostergeschichte des ehrwürdigen Schriftstellers Idealow vorlesen, die seinerzeit in der Zeitschrift ‚Niwa' erschienen ist."

„‚Rote Niwa'?" erkundigte sich der siebenjährige Sascha.

„Nicht ‚Rote Niwa', sondern einfach ‚Niwa'", belehrte der Großvater. „Es gab zu unserer Zeit solch eine anspruchsvolle Zeitschrift."

„Kann micht nicht erinnern", sagte Sascha.

„Natürlich nicht. Du konntest damals noch nicht über die Tischkante gucken. Marx gab sie heraus."

„Marx?" Die fünfjährige Sonja wurde lebendig. „Karl Marx, der mit dem ‚Kapital'?"

„Ja, Kapital hatte er. Bloß hieß er nicht Karl, sondern einfach Marx."

„Ach, du kriegst irgendwas durcheinander, Alterchen!" rief Sascha. „Mal ist's bei dir ‚einfach Niwa', mal ‚einfach Marx'. Was für'n Unsinn."

Iwan Iwanowitsch seufzte schwer und flüsterte vor sich hin: ‚Mit Verlauf, da will man denen eine große Freude machen, aber bei der Erziehung! Die elementarsten Dinge begreifen sie nicht.'

„Also gut", sagte er. „Ist ja egal. Ich will mich nicht streiten. Die Kinder von heute glauben natürlich, daß Ihre Großväter keinen Pfifferling wert seien ..."

„Aber wieso denn, Großvater", gab Sascha höflich zurück, „wir achten dich sehr, als unersetzlichen Spezialisten. Und überhaupt ... Lies schon, sonst kommen wir zu spät."

„Also", begann Iwan Iwanowitsch, „Anatolij Idealows Geschichte ‚Das rote Ei'."

„Vielleicht ‚einfach das Ei'?" fragte Sonja fröhlich und zwinkerte Sascha zu.

„Nein, das Ei ist diesmal rot", knurrte Iwan Iwanowitsch. „Also, ich fange an:

‚Die stille Osternacht senkte sich auf die Erde nieder. Auf dem schwarzen Samt des Frühlingshimmels funkelten Myriaden unzähliger Sterne, die sich zu einem wundersamen Reigen fügten.'"

Sascha stieß Sonja schelmisch mit dem Ellenbogen an und blinzelte zum Großvater hinüber. Er hob die

Stimme: „‚... die sich zu einem wundersamen Reigen fügten. Der Klang der Osterglocken schwebte über der Stadt. Tausende von Glocken läuteten in dieser dunklen Osternacht über den Häusern. Wovon kündeten sie? Sie läuteten ...'"

„Moment, Moment", unterbrach Sascha ihn skeptisch. „Moment ... ich verstehe nicht ganz, weshalb diese Glocken eigentlich läuteten. Etwa, weil es brannte?"

„Großvater, und was sind Myriaden?" fragte Sonja. „Ist das mehr als eine Milliarde? Oder weniger?"

Iwan Iwanowitsch lief tiefrot an.

„Alexander, ich bitte dich, mich nicht zu unterbrechen. Sonja, misch dich nicht ein. Hört mit den dummen Fragen auf, ich lese weiter. Also ... ‚Im Hause des Moskauer Kaufmannes der zweiten Gilde Syssoj Pafnutjitsch Labasow war mitten im Eßzimmer der Ostertisch gedeckt. Syssoj Pafnutjitsch leerte ein Gläschen englischen Bitterbiers und musterte die üppige Tafel mit erfahrenen Augen. Seine Aufmerksamkeit wurde von einem mit Zuckerguß überzogenen Kulitsch gefesselt.'"

„Coolidge?" riefen die Kinder im Chor. Das kann nicht sein. Du hast dich wohl getäuscht. Jeder andere, aber nicht Coolidge. Er war überhaupt nie in Rußland, und bei russischen Kaufleuten schon gar nicht."

„Alexander, du willst deinen alten, ergrauten Großvater wohl auf den Arm nehmen! Wenn du's genau wissen willst, bei uns gab's früher jedes Jahr Kulitsch. Und nicht nur einen, sondern an die fünf."

„Ha, ha, ha." Sonja brach in Gelächter aus. „Fünf

Coolidge! Großvater, weißt du denn überhaupt, wer Coolidge ist?"

„Du Kröte, du bist entweder dumm, oder du machst dich über mich lustig. Kulitsch, das ist solch ein Butterstollen, verstanden?"

„Na, weißt du ..." Sascha breitete würdevoll die Arme aus. „Dann können wir uns mit dir nicht mehr unterhalten, denn jeder Pionier – sogar wenn er wenig Bewußtsein hat – weiß doch ganz genau, daß Coolidge kein Butterstollen ist, sondern ein Unterdrücker der Arbeiterklasse, nämlich der amerikanische Präsident. Gehen wir, Sonja, sonst kommen wir zu spät zur Versammlung, und das wäre mir als Vorsitzendem der Pionierzelle ‚Liga der Zeit' nicht sehr angenehm. Auf Wiedersehen, Großvater, du kannst uns diese schöne Ostergeschichte ein andermal zu Ende vorlesen. Und mit deinem Coolidge hast du mich wirklich zum Lachen gebracht. Man muß Zeitungen lesen, Alterchen."

Iwan Iwanowitsch schloß traurig „einfach die ‚Niwa'" und seufzte: „Nein. Sie sprechen eine andere Sprache. Nicht einmal, was ein Kulitsch ist, wissen sie. Und so was nennt sich Erziehung!"

Die Glocken läuteten.

Übersetzung: Bernd Rullkötter

Iwan Schmeljow
Ostern

Die Fastenzeit neigt sich dem Ende zu, das Frühjahr zieht ein. Schon haben über dem Garten die Stare gelärmt – der Kutscher hat sie gehört; und zum Tag der Vierzig Märtyrer, dem Frühlingsanfang, sind auch die Lerchen zurückgekommen. Jeden Morgen begegne ich ihnen im Eßzimmer: Aus der Gebäckschale schauen spitzschnäblige Vogelköpfchen heraus, die Äuglein aus Rosinen, die knusprigbraunen Flügelchen auf dem Rücken gefaltet. Schade drum, sie zu essen, und so fange ich beim Schwänzchen an. Schon sind auch die Mohnkreuze verspeist, die in der Woche der Kreuzverehrung, der dritten Fastenwoche, gebacken wurden. Und da ist ja auch wieder die große Pfütze auf dem Hof! Manchmal, wenn Vater sieht, wie ich auf einer Tür darauf herumgondele, mit einem Stock den Enten nachjage, da runzelt er die Stirn und ruft:

„Holt mal den Schieläugigen her!"

Beklommen läuft Wassil Wassilitsch herbei, wirft einen verstohlenen Blick zur Pfütze. Ich weiß, was er denkt: ‚Schimpft Ihr nur, letztes Jahr habt Ihr auch geschimpft, die Pfütze kriegt doch keiner klein!'

„Und du willst hier Oberverwalter sein? Schau dir das mal wieder an! Sollen wir Kähne drauf aussetzen, oder was?"

Wassil Wassilitsch betrachtet die Pfütze, als sähe er sie zum ersten Mal. „Was hab ich die nicht schon zugeschüttet! Hab Mist draufgeladen, hab Kies drauf festgestampft – nichts kann ihr was anhaben! Die schlingt alles in sich rein und wird nur noch schlimmer! Kommt wohl von unten, das Wasser? Seit jeher ist die schon so ein Sumpfloch ... Macht ja auch nichts, bis zum Sommer ist sie wieder trocken, und jetzt können sich die Enten drin tummeln."

Vater blickt auf die Pfütze, dann macht er eine wegwerfende Handbewegung.

Das Eis ist auch schon eingefahren. Die großen grünen Eisblöcke lagerten bei den Scheunen; in der Sonne schillerten sie in allen Farben des Regenbogens, auf die Nacht zu wurden sie blau. Ein Frosthauch ging davon aus. Ich kletterte auf ihnen bis zum Dach, schürfte mir die Knie dabei auf, und oben knabberte ich Eiszapfen. Geschickte Burschen, die Beine mit Sackleinwand umwickelt – wer verhunzt sich schon gern die Stiefel! –, ließen das Eis unter Getöse in den Keller rutschen, deckten es gut mit frischem Schnee aus dem Garten zu und schlossen fest die Falltür.

„Haben wir's begraben, das Eis, Feierabend! Vor dem Frühjahr steht's nicht wieder auf!"

Jeder bekam ein Achtelstöfchen Schnaps, sie tranken und krächzten: „Das tut gut! So backt das Eis noch fester zusammen!"

Der Revierwachtmeister ist dagewesen und hat befohlen, bis Ostern das Straßenpflaster zu räumen – daß ja kein Eiskörnchen mehr übrigbleibt! Mit Hakken wird das Eis aufgehauen, mit Brechstangen losgestemmt, bis die Steine freiliegen. Da kommt auch schon die erste Droschke. Am vereisten Straßengraben vorsichtig schwankend, rollt sie, lackglänzend, auf die Straße heraus. Der stutzerhafte Droschkenkutscher bekreuzigt sich zum neuen Anfang, rückt seinen Filzhut zurecht und fährt forsch über die Pflastersteine – das erste, fröhliche Rädergerassel.

In der Küche sitzt unter der Treppe die böse graue Muttergans. Wenn ich vorüberspringe, zischt sie wie eine Schlange und renkt den Hals – möchte mich zwicken. Bald ist Ostern! Aus dem Schuppen wird die „Spinne" geholt, eine runde Bürste am langen Stab: vor Ostern müssen die Zimmerdecken gefegt werden. In Jegorows Laden haben sie die Schachteln aus dem Fenster genommen und ein Eier-Karussell hineingestellt. Ich kann micht nicht sattsehen: Ganz langsam drehn sie sich im Kreis, eins nach dem anderen, wie im Traum. Mit güldnen Ringlein, scharlachroten Bändern. Aus Zuckerwerk und Atlas ...

In den Schaufenstern der Bäckereien stehen nachgemachte weiße Osterkuchen mit den Buchstaben

„XB". Sogar unser Woronin, bei dem doch „die Ratten im Backtrog übernachten", sogar der hat ein schmutziges Stück Pappe ausgehängt: „Nehme Bestellungen für Kulitsch, Pascha und Napfkuchen entgegen"! Wassil Wassilitsch bringt einen ganzen Eimer frischer Fische, Gründlinge und Quappen, die hat er selber mit dem Käscher gefangen. Vater ist bei unseren Leuten am Fluß. Einmal kommt er fröhlich heim, hebt mich an den Schultern bis zum Nachtigallenbauer hoch und schwenkt mich durch die Luft.

„So, mein Freund, das Eis ist fort, unsere Moskwa wieder frei! Die Flöße sind auf dem Wasser!"

Und kneift mich in die Wange.

Wassil Wassilitsch steht auf der Schwelle von Vaters Arbeitszimmer. Seine Stiefel sind verdreckt. Er hat eine heisere Stimme und verschwollene Augen.

„Keine Sorge, die Flöße sind bereits im Schlepptau ... Bis Ostern sind sie am Simonow-Kloster. Eben komm ich aus ..."

„Der Schenke? Man sieht's."

„I bewahre, aus diesem ... na, bei Swenigorod, fünf Tage war ich auf dem Wasser. Dreißig Flöße Birken, zwanzig Flöße Kiefern und Fichten – und schnell wie der Wind! Dann noch Kähne mit Holz ... Dem Paljonow hat es siebzehn Flöße kurz und klein geschlagen! Aber so, wie ich aufpasse ... Meine Kerle verstehn sich drauf, denen liegt's im Blut!"

Vater ist zufrieden: es wird ruhige Ostern geben. Letztes Jahr hatten sie noch während der Ostermette auf dem Fluß zu tun.

„Wenn wir bloß im Kreml nichts verpfuschen! Reichen uns die Kerzengläschen?"

„An die zehntausend hab ich und beschaff noch mehr. Das Unschlitt zum Gießen ist gekauft. Drei Tage, und die Lumination ist fertig. Aber in unserem Kirchspiel, was beliebt Ihr da zu machen? Voriges Jahr waren die Unsren beleidigt, weil's keine Lumination gab. Bei Dorogomilowo mußten Leute aus dem Hochwasser gerettet werden – nichts war mit Lumination."

„Dann feiern wir diese Ostern eben doppelt!"

Sie reden von Gerüsten und Sternen, von Feuernäpfen, Talglämpchen und Lichttiegeln, von irgendwelchen Pechpfannen und Zündschnüren.

„Das gibt einen Riesenandrang! Alle zieht's zu unserem Kirchspiel!"

„Und Raketen lassen wir auch noch steigen. Vom Revierwachtmeister läßt du dir schriftlich die Erlaubnis geben. Du weißt, wieviel du dafür springen lassen mußt?"

„Ein Zehner, das ist bei Gott mehr als genug! Wir richten ja keinen Brand an", sagt Wassil Wassilitsch fröhlich.

„Und die Raketen – wennschon, dennschon!"

„Wie wär's denn mit – am Kreuz auf der Kuppel purpurrote Feuernäpfe?"

„Wird gemacht! Bloß, ein bißchen hoch, nicht? Na ja, Gott zu Ehren – er wird's uns vergelten. Wie's so schön heißt: Der Herrgott hat alles in Hülle und Fülle."

„Das Gerüst läßt du von Ganka dem Maler am Kreuz festmachen, der ist schon einmal auf einen

Schornstein geklettert. Sieh aber zu, daß er nicht betrunken ist, sonst fällt er noch runter."

„Von wegen, der traut sich ja bloß, wenn er was intus hat! Aber keine Sorge, er gibt schon acht. In der Kuppel ist doch unter dem Kreuzapfel so eine Dachluke ... Also, erst hält er sich am Kreuzapfel fest, verhakt das Seil am Fuß vom Kreuz, dann schafft er sich hoch, zum Kreuz rauf, hält sich dran fest, verhakt das Seil am Kreuz, hockt sich in die Schlinge rein – und die Schaukel ist fertig! Er kriegt neue Seile von mir. Wir zwei, wir sind seinerzeit ja sogar an den Kreuzen der Erlöserkirche in der Schlinge gesessen, und der Herrgott hat uns auch beschützt."

Seit Palmsonntag ist auch der Palmenmarkt zu Ende. Im Saal liegen, mit Papier zugedeckt, Berge von Osterrosen zum Schmücken der Ikonen und Kulitsche. Die Karwoche. Ich bereite mich noch nicht auf das Abendmahl vor, Müßiggang wäre jetzt aber Sünde, darum läßt man mich im Evangelium lesen. „Abraham zeugte Isaak. Isaak zeugte Jakob. Jakob zeugte Juda ..." Ich begreife nicht – hatten sie keine Mütter? So lese ich denn eine Seite, spiele ein wenig mit dem Flaschenteufelchen vom Palmenmarkt und schaue aus dem Fenster. Oh, Gorkin schnitzt offenbar Pascha-Formen! Ich rufe ihm zu, durch das Oberlicht, er winkt mir.

Im Hof herrscht fröhliches Schaffen: Die Gerüste und Sterne werden gezimmert, die Latten für die Buchstaben „XB" zurechtgestutzt. Auf der Stufe zur Scheune sitzt Gorkin in der Sonne. Er hat seinen Lammpelz an, die Ärmel zur Ziehharmonika zusammengeschoben. Die Leute nennen Gorkin „Fisseleur", weil er so saubere Arbeit leistet. Er muß nicht mehr arbeiten, gehört einfach zum Haus. Vater redet gerne mit ihm und gibt ihm immer einen Platz in seiner Nähe. Gorkin bessert die Pascha-Formen aus. Ich schaue zu, wie er mit einem gebogenen Messerchen an einem Brettchen schnitzt.

„Fahr ich zum Sterben nach Haus, wer schnitzt dann für dich? Lern es, solang ich noch am Leben bin. Schau her, gleich kommen die Trauben raus."

Er stochert an dem Brettchen herum – und es erscheinen Weintrauben! Dann schnitzt er ein Kreuz, die Heilige Lanze und eine Leiter – geradewegs zum Himmel! Danach ein wundersames Vögelchen und die Buchstaben „XB". Atemlos vor Freude schaue ich zu. Ganz alte Hände hat er, voller Adern.

„Lern es, 's ist ein heilig Werk. Das ist eine Taube, der Heilige Geist. Wart mal, ich schnitz noch eine Pascha-Form für dich, zum Andenken. Damit du den alten Gorkin nicht vergißt. Und ein Löffelchen schnitz ich dir auch. Löffelst du Kohlsuppe, blickst du darauf und erinnerst dich."

Nun habe ich mich also erinnert. Und sie sind alle dahingegangen...

Von der Vesper trage ich ein Passionskerzchen nach Hause. Ich schaue in die flackernde Flamme: ein heiliges Licht. Die Nacht ist windstill, doch ich fürchte sehr, es könnte verlöschen. Schaffe ich es bis nach Hause, bleibe ich bis nächstes Jahr am Leben. Die alte Köchin freut sich, daß ich es geschafft habe. Sie wäscht sich die Hände, nimmt das heilige Licht, zündet ihr Lämpchen vor der Ikone an, und dann gehen wir Kreuze einbrennen – über der Küchentür, dann im Keller, im Kuhstall.

„Ist ein Kreuz da, kann der Leibhaftige nichts mehr machen. Der Heiland erlöse uns ...", sagt sie und bekreuzigt sich, dann bekreuzigt sie mit dem Kerzchen die Kuh. „Der Heiland sei mit dir, du Gute, hab keine Angst, bleib ruhig liegen."

Die Kuh schaut nachdenklich drein und kaut.

Gorkin ist auf unserem Rundgang mit dabei. Er nimmt das Kerzchen von der Köchin und brennt am Kopfende des Bettes in seiner Kammer ein Kreuz ein. Da sind schon viele Kreuze, aus früheren Jahren.

Es kommt mir so vor, als sei nun der Heiland bei uns: im Kuhstall, in den Pferdeställen, im Keller, überall. Mit dem schwarzen Kreuz von meinem Kerzchen, damit ist der Heiland eingezogen. Und alles, was wir tun, ist für IHN. Der Hof ist sauber gefegt, alle Ecken und Winkel geputzt, sogar unterm Vordach, wo der Mist lag. Ungewöhnliche Tage sind das – die Passionstage, die Tage des Herrn. Mich ängstigt nun nichts mehr: Ich gehe durch die finstere Diele, und es macht mir nichts aus, denn der Heiland ist ja überall.

Bei Woronin im Keller wird in einem Zuber der Quark gewalkt. Der dicke Woronin und die Bäcker haben die Ärmel aufgekrempelt und stoßen ihre roten Fäuste in den Quark, schütten Rosinen und Zukker hinein und pressen ihn behende in Pascha-Formen. Am Finger geben sie mir ein bißchen zum Probieren – na, wie schmeckt's? Sauer, aber aus Höflichkeit sage ich, es sei gut. Daheim im Eßzimmer werden die Mandeln gestoßen, man hört es im ganzen Haus. Ich helfe mit, den Quark durchs Sieb zu streichen. Gelbliche Würmchen fallen in die Schüssel, wie lebendig! An fünf Sieben wird Quark durchgestrichen – wir brauchen viele Paschas. Für uns selbst eine richtige, echte, die nach Ostern duftet. Dann eine für die Gäste, die „Parade-Pascha", dann die „kleine" Pascha, zwei für das Hausgesinde, dann noch für die armen Verwandten. Für unsere Leute, an die zweihundert, macht Woronin die Paschas, unter Aufsicht von Wassil Wassilitsch, und die Zimmerleute helfen dabei. Woronin bäckt auch die Kulitsche für die Leute.

Wassil Wassilitsch ist an tausend Orten zugleich. Er fährt mit der Droschke zur Kirche, wo Ganka der Maler oben im Seil hängt, um das Gerüst am Kreuz anzubringen. Wenn ich zum Karfreitagsgottesdienst gehe, darf ich zuschauen. Im Hof werden Kerzen gegossen. Aus dem Schuppen werden in großen Körben bunte Talglämpchen, Lichttiegel, Lampions, Ampeln und Feuernäpfe gebracht. Bei der Pfütze brennt ein Feuer, da wird im Kessel das Unschlitt geschmolzen. Wassil Wassilitsch rührt mit einem Stock um, tut Kerzenstummel hinein und Talgklumpen, die „nicht einmal die Mäuse mehr fressen". Die Kerzengläschen stehen, auf Brettern aufgereiht, in kleinen Kuhlen, und sie sehen aus wie verschiedenfarbige Vögelchen. Die Ampeln und Lampions hängen an Drähten. Das meiste Unschlitt ist für den Kreml, wo Vater und unsere Leute zugange sind. Was hier gebraucht wird, ist nicht der Rede wert, vielleicht tausend Kerzengläschen, mehr nicht. Ich helfe auch mit, hole Kerzenstummel aus einer Kiste, lege die Dochte auf die Lichttiegel. So etwas Schönes! Auf neuen Brettern stehen sie in Reihen, die Kerzengläschen, prupurrot, grün, himmelblau, golden, milchweiß ... Im Luftzug stoßen die großen gläsernen Ampeln klingend aneinander, und die Sonne läßt ihre Strahlen darüberblitzen und schneidet in der Pfütze Grimassen.

Die Glocke ruft voll Trauer zum Karfreitagsgottesdienst. Kummer und Freude vermengen sich in mir: Gleich wird der Heiland sterben, und hier die fröhlichen Kerzengläschen, die Mandeln in der Hosentasche, das Eierfärben, der Duft von Vanille und von dem Schinken, der heute in Teig gebacken wurde, und das traurige Gebet, das Gorkin vor sich hin singt: „Ruchloser Judas, geblendet vom Silber ..." Im neuen Casaquin, die Stiefel mit Pech bestrichen, geht Gorkin in die Kirche.

Vor der Kirche der Gottesmutter von Kasan steht eine Menschenmenge. Alles blickt zur Kuppel. Beim Kreuz oben baumelt etwas Schwarzes, das einer Dohle gleicht. Das ist der tollkühne Ganka. Er stößt sich mit dem Fuß vom Kreuz ab – und prallt wieder auf. Vom Zuschauen verschlägt es einem den Atem. Die Leute sagen – er wirft die Mütze runter! Wie eine Mücke so groß, kommt die Mütze geflogen und klatscht gegen die Apotheke auf der anderen Straßenseite.

Wassil Wassilitsch schreit: „He, mach keine Faxen! Hol die Kerzengläser hoch!"

„Na los!" brüllt Ganka und macht Kunststücke mit den Beinen.

Sogar der Revierwachtmeister sieht zu. Vater kommt in der Droschke angefahren.

„Sputet euch mal! Im Kreml ist Not am Mann", drängt er und klettert hurtig aufs Dach.

Die mehrteilige Leiter schwankt. Auch Wassil Wassilitsch steigt hinauf. Er ist schwerer als Vater, und die Leiter biegt sich durch. An Seilen werden Körbe hochgehievt. Vater eilt am Gesims entlang, er zeigt, wo an den Seitenflügeln Kreuze hinkommen. Ganka wirft das Seilende herunter und schreit – los! Ein Handkorb mit Feuernäpfen wird darangebunden, und er zieht ihn hinauf. In der Schlinge am Kreuz sitzend, bringt er die Feuernäpfe an. Das Glas blinkt. Jetzt kommt das Schwierigste, die Zündschnur muß verlegt werden. Unten wird disputiert: Mit einer Hand geht das nicht, und er muß sich ja festhalten! Ganka bindet sich selbst ans Kreuz. Mir dreht sich alles, mir wird übel ...

„Fertig! Achtung, die Schnur kommt!"

Beim Kreuz schießt ein Klümpchen durch die Luft. Die Schnur sei an der Kuppel entlang zu sehen, sagen die Leute. Ganka gleitet aus der Schlinge, läßt sich am Kreuzapfel herab und schlüpft in das Loch an der Kuppel. Die Schlinge baumelt leer. Schon ist Ganka auf dem Dach, Vater klopft ihm auf die Schuler. Ganka wischt sich mit dem Hemd übers Gesicht und kommt rasch auf den Boden herab. Die Zuschauer umringen ihn, und er zeigt ein Stück Papier.

„So ein Dreier, wie das einen hochreißt!"

Er blickt zur Schlinge, die immer noch oben baumelt.

„Das sieht bloß von hier schlimm aus – dort sitzt du wie im Lehnstuhl!"

Er ist käseweiß. Beim Gehen wankt er.

In der Kirche wird die Plaschtschaniza auf das Grab gelegt. Ich bin voll Kummer: Der Heiland ist tot. Aber schon pocht Freude in mir: Er wird auferstehn, morgen schon! Golden das Grab, heilig. Der Tod, das ist nur *als ob:* Alle werden auferstehn. Ich habe heute in der Bibel gelesen, daß die Gräber sich auftaten und viele Leiber der Heiligen, die da schliefen, aufstanden. Und ich möchte auch ein Heiliger werden – sogar Tränen treten mir in die Augen. Gorkin führt mich nach vorn, die Plaschtschaniza zu küssen. Sie ist mit Rosen umkränzt. Unter einem Musselinschleier mit goldenen Cherubimen liegt der Heiland, grünlich bleich, die Hände durchbohrt. Es duftet heilig nach Rosen.

Mit verhaltener Freude, die mit Kummer durchsetzt ist, trete ich aus der Kirche. An der Kirchhofmauer hängen Kreuze und Sterne, die Kerzengläschen glänzen. Vater und Wassil Wassilitsch sind mit der Droschke zum Kreml gefahren, Ganka haben sie mitgenommen. Gorkin sagt, die dortige Lumination sei verantwortungsvoll, da werde Generalgouverneur Dolgorukow in höchsteigener Person zuschauen. Und Ganka hätten sie zu einem „tollkühnen Ding" geholt.

Daheim riecht es nach Mastix, Pascha und Schinken. Die Fußböden sind gebohnert, aber noch nicht mit Teppichen belegt. Ich darf Eier färben.

In der Nacht. Ich schaue zur Ikone in der Zimmerecke, und in meiner Vorstellung verbindet sich alles mit Jesus Christus: die Illumination, die Kerzen, die Eier, die sich im Kreis drehn, die Gebete, Ganka, der alte Gorkin, der wohl bald sterben wird ... Aber er wird auferstehn! Auch ich werde einmal sterben, und alle andern auch. Und dann sehen wir uns alle wieder – Waska, der im Winter an Scharlach gestorben ist, und der Schuster Sola, der mit den Jungen Drei-Königs-Lieder gesungen hat – wir alle werden uns *drüben* wiedersehen. Und Gorkin wird Weintrauben in Pascha-Formen schnitzen, bloß ist er dann ein anderer, licht wie die schimmernd weißen Seelen, die ich im Totengedenkbuch gesehen habe. Die Plaschtschaniza ist jetzt in der Kirche allein, die Lämpchen brennen. ER ist nun zur Hölle niedergefahren und führt alle aus dem Höllenfeuer heraus. Für IHN ist Ganka zum Kreuz hochgeklettert, steigt der Vater im Kreml auf den Glockenturm und Wassil Wassilitsch auch und alle unsere Burschen – alles nur für IHN! Auf dem Fluß liegen die Kähne verlassen vor Anker, auf jedem ist bloß ein Wächter geblieben. Gestern sind auch die Flöße eingetroffen. Sie fühlen sich einsam, so allein auf dem finsteren Fluß. Aber auch bei ihnen ist Jesus Christus, überall ist er ... In Jegorows Schaufenster drehn sich die Eier im Kreis. Ich sehe ein feistes Würmchen mit schwarzem Köpfchen, mit Augen wie Perlen und einem Züngleinaus blutrotem Tuch – das zittert in einem Ei. Ich sehe ein großes Zuckerei, und darin Jesus Christus.

Ostersamstag, am Abend. Es ist still im Haus, vor der Ostermette haben sich alle hingelegt. Ich stehle mich in den Saal, will schauen, was auf der Straße los ist.

Wenig Menschen sind unterwegs, sie tragen Paschas und Kulitsche in Pappschachteln. Die Tapeten im Saal leuchten rosarot, von der Sonne, die untergeht. In allen Zimmern hängen purpurrote Lämpchen, Osterlämpchen: Waren es an Weihnachten nicht himmelblaue? Im Salon ist der Osterteppich ausgelegt, darauf sind purpurrote Blumensträuße. Von den bordeauxroten Sesseln hat man die grauen Schonbezüge abgenommen. An den Ikonen hängen Kränze aus Rosen. Im Saal und auf den Korridoren liegen neue rote Läufer. An den Fenstern im Eßzimmer stehen Körbe mit purpurrot gefärbten Eiern: morgen wird Vater mit unseren Leuten den Osterkuß tauschen. In der Diele die grünen Karaffen mit Wodka: der wird dann kredenzt. Riesengroße, mit rosa Mull bedeckte Kulitsche ruhen – damit sie ja nicht zusammensacken – auf den Sofakissen im Eßzimmer und kühlen ab. Sie duften aromatisch, warm und süß.

Draußen ist es still. Ein buschiger Karren ist vom Hof gefahren: der Wacholder wird zur Kirche gebracht. Nun ist es ganz finster. Auf einmal erschreckt mich ein Flüstern:

„Warum schläfst du nicht, wanderst umher?"

Das ist Vater. Er ist gerade erst zurückgekehrt.

Ich weiß nicht, was ich sagen soll. Es gefällt mir, in der Stille durch die Zimmer zu gehen, zu schauen, zu lauschen – alles ist anders, so ungewöhnlich, so heilig.

Vater zieht eine Sommerjacke an und macht sich daran, die Lämpchen vor den Ikonen nachzufüllen. Das tut er immer selbst, das kann keiner so gut wie er. Er geht von Zimmer zu Zimmer und singt halblaut: „Die Auferstehung Dein, o Jesu Christ ... Es singen die Engel im Himmel ..." Und ich gehe mit ihm. In meinem Herzen ist Freude und Stille, und am liebsten würde ich weinen. Ich sehe ihn an, wie er vor der Ikone auf einen Stuhl steigt, und plötzlich kommt mir in den Sinn – womöglich stirbt auch er einmal! Er stellt die Lämpchen auf dem blechernen Tablett in eine Reihe, zündet sie an und summt dabei ein Kirchenlied. Es sind sehr viele Lämpchen, und alle außer einem sind purpurrot. Die himbeerfarbenen Flämmchen schlafen, sie regen sich nicht. Und nur ein Lämpchen, das aus dem Kinderzimmer, ist rosarot, hat weiße Äuglein – als wär's aus gepunktetem Kattun. Ach, so etwas Schönes! Ich blicke auf die verschlafenen Flämmchen und denke: eine heilige Illumination für den lieben Gott. Ich schmiege mich an Vater, an sein Bein. Er tätschelt mir die Wange. Seine Finger duften nach dem aromatischen Athos-Öl.

„Wie wär's, Freund, wenn du schlafen gingest?"

Vor unterdrückter Freude, vor Erschöpfung oder vor unvermutet sich einschleichendem Kummer fange ich zu weinen an, schmiege mich an ihn, will etwas sagen, weiß nicht was ... Er hebt mich hoch bis zur Decke, wo der Star im Käfig sitzt, und lacht, daß die Zähne unterm Schnauzbart hervorblitzen.

„Na, dann komm, ich hab was für dich!"

Er trägt ein purpurrotes Lämpchen in sein Arbeitszimmer, stellt es zur Erlöser-Ikone, schaut, wie es gleichmäßig brennt und wie schön es im Zimmer davon wird. Dann holt er etwas aus dem Schreibtisch: ein goldenes Ei an einem Kettchen!

„Das nimmst du in die Kirche mit, verlier es bloß nicht. Na, mach mal auf..."

Ich bekomme es nur mühsam mit dem Fingernagel auf. Klick! Purpurrot und Gold im Innern. Ein schweres Goldstück glänzt in der Mitte, in den Seitentäschchen neue Silbermünzen. Eine wunderschöne Geldbörse! Ich küsse die zärtliche Hand, die nach Baumöl riecht. Er nimmt mich auf den Schoß, streichelt mich.

„Was bin ich müde, Freund, doch die Arbeit hört nie auf... Geh, mach lieber ein kleines Schläfchen, ich döse auch ein bißchen."

O unvergeßlicher Abend, mit den Lämpchen, das verlöschende Licht vor dem Fenster... Noch heute höre ich die langsamen Schritte, die versonnen summende Stimme –

Es singen die Engel im Himmel...

Geheimnisvolles Licht, heiliges Licht. Im Saal brennt nur das Lämpchen. Auf einem großen Tablett – ich selber hätte darauf Platz – schimmern dunkel die Kulitsche, weiß die Paschas. Die Rosen auf den Kulitschen und die roten Ostereier sehen schwarz aus. Zwei hochgewachsene, mit Wämsern bekleidete Burschen treten auf Zehenspitzen ein und tragen behutsam das mit einem Tischtuch umwickelte Tablett hinaus. Aufgeregt werden sie ermahnt: „Um Gottes willen, daß es bloß nicht umkippt!" Die beiden geben beruhigend zur Antwort: „Gott bewahre, wir sehn uns vor." Sie bringen es zur Weihe in die Kirche.

Schweigend gehen wir im Dunkeln durch die stille Straße. Sterne, die Nacht ist lind, es riecht nach Mist.

In der Finsternis sind Schritte zu hören, schimmern weiß die Bündel.

Innerhalb der Kirchhofmauer steht ein Zelt aus Segeltuch, darin viele Schemel. Die Paschas und blumenbesteckten Kulitsche sind mit Rosinen belegt. Hie und da ein Kerzchen. Es riecht nach Wacholder, ein heiliger Duft. Gorkin nimmt mich bei der Hand.

„Dein Papa hat mich geheißen, bei dir zu bleiben, dir die Lumination zu zeigen. Er selber ist mit Wassilitsch im Kreml, kommt später zu uns. Hier haben wir zwei das Kommando."

Er führt mich in die Kirche, wo es noch duster ist, läßt mich die kleine Plaschtschaniza auf einem Tischchen küssen – die große, die überm Grab lag, ist schon weg. Die Ikonen sind rosenumkränzt. Von den im Halbdunkel blinkenden Kronleuchtern hängen Zündschnüre herab. Auf dem Boden raschelt der Wacholder. Ein Priester trägt, auf dem Kopf, die Plaschtschaniza fort. Gorkin hat ein neues Wams an und unterm Bart ein rosa Tüchlein um den Hals. Seine Kerze ist rot, golden verziert.

„Gleich geht die Prozession los, komm, wir müssen nach dem Rechten sehen."

Kaum können wir uns durch die Menge drängen. Das Pascha-Zelt leuchtet golden von den Flämmchen, dazwischen rosarote und schneeweiße Tupfer. Gorkin weist unsere Leute an:

„Wart, bis du mich hörst. Kommt die Prozession, ruf ich gleich: Auf geht's! Dann – los mit allen Raketen auf einmal! Stjopa, du, und Akim, und Grischa ... Die Schnur zünd ich selber an, gib mir den Zündstock. Die vierte ist am Glockenturm. Mitja, bist du dort?"

„Bin ich, bloß keine Bange!"

„Habt ihr Photogen auf die Pechpfannen gegossen?"

„Klar, das brennt auf einen Streich!"

„Mitja! Hast du fünfmal die große Glocke geschlagen, geh gleich zum Festtagsläuten über, vom Wechselgeläut schnurstracks zum vollen Geläut, und genau nach der Art von Rostow! Hernach komm ich selber hoch. Und leg dich tüchtig ins Zeug! Nun steh uns der Herrgott bei ..."

Seine Stimme zittert. Wir warten mit dem Zündstock bei der Schnur. Von der Kirchentreppe wird ein Zeichen gegeben: sie kommen! Schon ist zu hören –

Es singen die Engel im Himmel!

„Auf geht's!" schreit Gorkin – und auf einen Schlag jagen vier Raketen zischend zum Himmel und sprühen mit einem Knall in sieben Farben auseinander. Die Pechpfannen lodern auf, und an allen Ecken und Enden zuckt eine Feuerschlange, glühende Flokken verstreuend.

„Die Kuppel, die Kuppel!" Gorkin stößt mich an.

Die Feuerschlange bäumt sich auf, zerplatzt in viele Schlangen, fliegt die Kuppel hoch bis zum Kreuz – und dort zergeht sie. Am schwaren Himmel ersteht das Kreuz, scharlachrot! Auch auf den Seitenflügeln, an den Gesimsen, strahlen Kreuze. An der weißen Kirche leuchten gedämpft milchweiße Feuernäpfe, dazwischen rosarote Kreuze, grüne und blaue Sterne, dazu die Buchstaben „XB". Auf dem Pascha-Zelt ist ebenfalls ein purpurrotes kleines Kreuz. Bengalische Feuer flammen auf, werfen Schatten an die Wände: Kreuze, Kirchenfahnen, die Mitra des Bischofs, sein dreiarmiger Leuchter. Und über allem ein mächtiges Dröhnen, ein wundervolles Glockengeläut, silbern und kupfern.

Christus ist auferstanden von den Toten ... Frohgemut beugt sich der liebe Gorkin zu mir herunter: „Christus ist auferstanden!"

Er küßt mich dreimal und führt mich zu den Meinen in die Kirche. Es duftet heilig nach heißem Wachs und Wacholder.

... durch seinen Tod hat er den Tod bezwungen!

Bei Tagesanbruch Glockenklang, unaufhörlich. Sonne und Glockenklang erfüllen den Morgen. Ostern, das hohe Fest.

Auch im Kreml hat alles prächtig geklappt. Wladimir Andrejitsch Dolgorukow in höchsteigener Person hat seinen Dank bekundet. Wassil Wassilitsch erzählt:

„Habt mir einen guten Dienst erwiesen, hat er gesagt. Für die Ehrenmedaille schlag ich euch vor, hat er gesagt. Es war derartig – hab mir das Wams versengt! Der Metropolit hat sogar einen Schrecken gekriegt, vor lauter ... Der ganze Kreml hat gebrannt. Und auf dem Fluß, der Moskwa – wie am hellichten Tag!"

Der Vater, festtäglich gekleidet, pfeift vor sich hin. Er steht in der Diele bei den Körben mit den roten Ostereiern und tauscht mit unseren Leuten den Osterkuß. Im Gänsemarsch kommen sie durch die Küche herein. Sie werfen die Haare zurück, wischen mit der Faust über den Schnauzbart und küssen ihn jeweils dreimal. „Christus ist auferstanden!" – „Er ist wahrhaft auferstanden!" – „Fröhliche Ostern!" Sie bekommen ihr Ei und ziehen durch den Hausflur wieder ab. Der Zug ist lang: die Zimmerleute, dunkelblonde Männer; die Maler – hagerer und rothaariger; die Flößer, breitschultrige, stämmige Kerle; die schwergewichtigen Erdarbeiter aus Melenki, die geschickten Steinmetze, die Dachdecker, die Schauerleute und Heizer ...

Im Hof werden sie bewirtet. Über allem schaltet und waltet Wassil Wassilitsch im flammendroten Hemd, die Weste aufgeknöpft – gleich fängt er an zu tanzen. Ziehharmonika-Geleier. Die Leute tauschen untereinander den Osterkuß, überall wippen die Haarschöpfe. Mir tun schon die Lippen weh ...

Wechselgeläut, volles Geläut, Festtagsläuten. Ostern, das hohe Fest.

Gegessen wird im Freien, bei den Holzstapeln. Auf frischen Brettern stehen die Speisen, dazu Glockengeläut. Überall rosarote, purpurne, blaue, gelbe, grüne Eierschalen, auch aus der Pfütze leuchten sie. Ostern, das hohe Fest! Festlich der Tag, festlich das Geläute.

Ich betrachte die Ostereier, mit denen ich reichlich beschenkt wurde. Eines aus Kristall und Gold, blickt man durch, ist alles verzaubert. Eines mit dem sich reckenden feisten Würmchen; es hat ein schwarzes Köpfchen, schwarze Perlenaugen und ein Züngleinaus rotem Tuch. Dann eines mit Soldaten, eines mit Entlein, ein geschnitztes aus Elfenbein. Und eines aus Porzellan, das ist vom Vater. Darinnen ein wunderschönes Panorama. Hinter rosaroten und himmelblauen Immortellenblüten, hinter Moos und einem goldeingefaßten Glas ist in der Tiefe ein Bild zu sehen: ein schneeweißer Christus mit Kreuzesfahne, auferstanden aus dem Grabe! Die Kinderfrau hat mir erzählt, wenn man ganz, ganz lange durch das Glas schaut, dann kann man ein lebendiges Englein sehen. Müde von den anstrengenden Tagen, den hellen Lichtern und dem Glockenklang blickte ich durchs Glas. Es flimmert mir vor den Augen, und es kommt mir so vor, als sei da hinter den Blumen etwas *Lebendiges,* unsagbar Freudiges, Heiliges ... Gott? Es läßt sich nicht in Worte fassen. Ich drücke das Ei an die Brust, und das einlullende Glockengeläut wiegt mich in den Schlaf.

Übersetzung: Rosemarie Tietze

Tag der Auferstehung,
*   werdet licht, ihr Völker!*
*   Pascha des Herrn, Pascha!*
Denn Christus unser Gott hat uns,
*   die wir das Siegeslied singen,*
*   aus dem Tode zum Leben*
und von der Erde zum Himmel geführt.

Lasset uns läutern die Sinne,
*   und wir werden sehen,*
*   wie Christus aus dem unnahbaren*
Lichte der Auferstehung erstrahlt,
*   und da wir das Siegeslied singen,*
*   werden wir ihn deutlich*
rufen hören: O freuet euch!

Der Himmel möge würdig jubeln,
*   es jauchze die Erde,*
*   es feiere die ganze Welt,*
die sichtbare und die unsichtbare!
*   Denn auferweckt ist Christus,*
*   die ewige Freude.*
Christus ist auferstanden von den Toten.

Aus dem Osterkanon
des Heiligen Johannes von Damaskus

Die Autoren

Nikolaj Wassiljewitsch Gogol (1809–1852): Begründer des kritischen Realismus in der russischen Literatur; zu seinen Hauptwerken gehören die Komödie *Der Revisor* (1835) und der Roman *Die toten Seelen* (1842). *Christi Auferstehung* erschien im Jahre 1847.

Wladimir Iwanowitsch Dal (1801–1872): bedeutender Lexikograph und Schriftsteller; sein wichtigstes Werk ist das *Erklärende Wörterbuch der lebenden großrussischen Sprache* (1863–1866). *Das Osterfest* wurde 1875 veröffentlicht.

Michail Jefgrafowitsch Saltykow-Schtschedrin (1826–1889): der große Satiriker des russischen Realismus; Verfasser u. a. von *Geschichte einer Stadt* (1869), *Die Herren Golowljow* (1880). *„Christus ist auferstanden!"* kam im Jahre 1856 heraus.

Wladimir Galaktionowitsch Korolenko (1852–1921): Schriftsteller und Publizist; 1881–1884 Verbannung nach Jakutien; wichtige Erzählungen *Der blinde Musikant* (1886), *Der Fluß regt sich* (1891), *Ohne Sprache* (1895). *Die Nacht vor dem Auferstehungsfest* erschien im Jahre 1885.

Anton Pawlowitsch Tschechow (1860–1904): begründete die Tradition der russischen Kurzgeschichte; Meister der Erzählung (*Die Dame mit dem Hündchen*, 1899) und des Dramas (*Drei Schwestern*, 1901; *Der Kirschgarten*, 1904). *In der Osternacht* kam 1886 heraus.

Leonid Nikolajewitsch Andrejew (1871–1919): untersuchte in Erzählungen und Dramen (*Das Leben des Menschen*, 1907) soziale und psychische Konflikte; emigrierte 1917 nach Finnland. *Bergamott und Garaska* wurde im Jahre 1898 publiziert.

Iwan Alexejewitsch Bunin (1870–1953); Lyriker und hervorragender Vertreter der realistischen russischen Prosa (*Suchodol*, 1911); 1920 Emigration nach Frankreich; 1933 Nobelpreis. *Der letzte Frühling* erschien im Jahre 1916.

Valentin Petrowitsch Katajew (geb. 1897): Prosaschriftsteller und Dramatiker; wurde bekannt durch den satirischen Roman *Die Hochstapler* (1926). *Ostergeschichte (mit Kulitsch natürlich)* wurde 1924 veröffentlicht.

Iwan Sergejewitsch Schmeljow (1873–1950): emigrierte 1922 in den Westen; schrieb vom christlichen Glauben bestimmte Prosa über das alte Rußland und das Leben in der Emigration. *Ostern* entstammt dem Zyklus *Das Jahr des Herrn* (1933).